新版

法人税
所得税
消費税
を
うまく使いこなす

法人成り
個人成り
の実務

税理士 小谷羊太 著

消費税

三税法を自在に操る

法人税 → 所得税

清文社

は　じ　め　に

　　昨今、法人設立は驚くほど簡単になりました。かつては、会社を設立するためには、有限会社であれば300万円以上の出資金、株式会社であれば1,000万円以上の資本金を準備する必要がありました。

　　しかし、2006年の商法改正により資本金は1円でも設立できるようになり、かつては個人の集合体として定義されていた法人組織も、株主１人、役員１人、従業員０人、といった実質1人で完結している個人会社までもが普通に誕生するようになりました。実質1人の個人会社であっても、堂々と法人組織であることを謳い、ごくごく当たり前にその存在が世間でも認められるようになりました。

　　この改正は、資本力の少ない事業であっても、その原動力を後押しすることによって、最大限にチャンスを掴んでもらい、高嶺に登りつめる小規模企業者を数多く排出したいという政府の願いが込められた改正でもありました。

　　結果、資本力のない若い起業家にとっても、会社を設立することが以前と比べとても容易にできるようになりましたので、その分様々なチャンスや選択肢が増える結果となっています。

　　事業が成長していく過程として、個人事業から会社組織としていくなかで、『法人税』と『所得税』ひいては『消費税』の関係はうまく使いこなすべき税制となります。このとき、「少しでも税金が少なくなるように工夫をしたい。」という思いは、ごく自

然な納税者の願いでもあります。しかし、間違えた解釈を前提とした行為であったり、一見合法に見えても租税回避行為となってしまっている事例は残念ながら数多く存在しています。

　税制をうまく使うために常に念頭に置いておきたいことがあります。それは、税に関する行為と計算は、法制上で明文されていない事項については、まずは慣習上どうなのかが焦点となり、各種の行為や計算においても、そこに合理性や公平性がなければ、租税回避行為として否認されます。

　実務をしていくうえでは、節税のつもりで行った行為や計算であっても、それが租税回避行為にはならないかを注意して判断しなければなりません。

　本書の役割といたしましては『個人』と『法人』の税金において、それぞれの税制をうまく使いこなすことができるように、納税者にとっては少しでも節税になり、また間違えた解釈による租税回避行為がもし存在すれば、それを抑制することができれば幸いに存じます。

　本書が我が国の納税義務の適正な実現を図る指針になればと願います。

令和４年９月21日

税理士　小谷 羊太

CONTENTS 目次

序章

法人税と所得税、そして消費税
〜不利な規定であっても、
　その事情とタイミングによっては有利な規定になってしまう〜

■ 法人成りのハードルは低くなっている
■ 時価と販売価額、購入価額、まちがうと追徴課税
■ 消費税が払えないので譲渡できない
■ インボイス方式（適格請求書等保存方式）についても考える必要がある

第1章

個人・法人の所得と消費税の取扱い

■ 所得の種類と損益通算　　■ 個人と法人、所得区分のまとめと消費税
■ 法人・個人の消費税の取扱いの違い

第2章

個人から会社へ

| 1 | 会社組織 | ・・・・・20 |

■ 会社の種類は4種類　　■ 取締役の責任と株主の責任は違うもの
■ 株主の責任　　■ 競業避止義務に注意
■ 株式の譲渡制限は非常に重要　　■ 設立の形態（機関設計）は自由
■ 3種の役員、最長10年

2 メリット・デメリット ―申告― ・・・・・30

■ 個人から会社へ、メリット・デメリット
■ 申告義務がない個人事業者と必ず申告義務が生じる法人

3 メリット・デメリット ―事業主給与― ・・・・・34

■ 事業主の給与で所得を分散する

4 メリット・デメリット ―退職金― ・・・・・39

■ 退職金で節税する

5 メリット・デメリット ―生命保険― ・・・・・48

■ 生命保険の使い方、活用例　■ 生命保険契約の変更

6 メリット・デメリット ―消費税― ・・・・・58

■ 消費税が2年間免税になる、ということをよく耳にします

7 メリット・デメリット ―均等割― ・・・・・66

■ 法人住民税の均等割は個人住民税の10倍以上

8 メリット・デメリット ―欠損金― ・・・・・69

■ 会社は欠損金の繰越控除期間が長い

9 メリット・デメリット ―交際費― ・・・・・73

■ 所得税・個人的経費か事業活動費か
■ 法人税・冗費の節約、支出交際費の制限

10 メリット・デメリット ―事業承継― ・・・・・80

■ 相続対策、事業承継で財産分けがラク

11 メリット・デメリット ―損益通算― ・・・・・83

■ 損益通算ができる所得区分とできない所得区分がある
■ 損益通算の順序

12 メリット・デメリット ―譲渡所得― · · · · · 90

- 有価証券・不動産の売買は、譲渡所得で分離課税
- 事業用資産の譲渡のみ消費税の課税対象になる
- 譲渡所得の計算は、事業所得の経理方法で決まる

13 メリット・デメリット ―経済的利益― · · · · · 98

- 役員への住宅貸与の家賃
- 従業員への住宅貸与の家賃

14 メリット・デメリット ―減価償却― · · · · · 103

- 減価償却計算の有利不利
- 少額な減価償却資産の取扱い

15 メリット・デメリット ―事業年度― · · · · · 121

- 会計期間と事業年度

【参考】法人成りのメリットとデメリット（一覧）

第3章

個人事業の廃業

1 退職金の支給 · · · · · 128

- 従業員はいったん退職したことになる
- 法人に支給する退職金を引き継ぐ

2 小規模共済 · · · · · 131

- 解約事由となり共済金は支給される
- 小規模企業共済のしくみ

3 倒産防止共済 · · · · · 133

- 個人の地位を引き継ぐことができる

4 事業税の見込み控除 ·····135

■ 見込額の計算は難しい

5 廃業に関するその他注意点 ·····137

■ 事業所得の計算で留意すべきその他の事項

第4章

会社設立時に必要な書類と提出期限

1 金銭出資 ·····140

■ 金銭出資に必要な書類と設立までの流れ

2 現物出資 ·····148

■ 現物出資には資産の価値を証明する書類が必要

3 会社設立時に必要な書類と提出期限 ·····151

■ 法人設立届出書
■ 地方公共団体へ提出する書類
■ 給与支払事務所等の開設・移転・廃止届出書
■ 源泉所得税の納期の特例の承認に関する申請書
■ 減価償却資産の償却方法の届出書
■ 棚卸資産の評価方法の届出書
■ 有価証券の一単位当たりの帳簿価額の算出方法の届出書
■ 消費税の新設法人に該当する旨の届出書
■ 消費税簡易課税制度選択届出書

4 許認可 ·····177

■ 許可無く勝手に事業活動を行うことができない業種がある

5 社保書類 · · · · · **179**

■ 社会保険　■ 労働保険

第5章

事業用資産の取扱い

1 事業用資産の引継ぎ · · · · · **192**

2 債権債務の引継ぎ · · · · · **195**

3 棚卸資産の引継ぎ · · · · · **200**

4 固定資産（土地・建物）の引継ぎ · · · · · **202**

5 減価償却資産の引継ぎ · · · · · **212**

6 権利金の引継ぎ · · · · · **216**

7 債権債務の引受け · · · · · **219**

8 棚卸資産の引受け · · · · · **222**

9 減価償却資産の引受け · · · · · **226**

10 仮想通貨の引継ぎ・引受け · · · · · **231**

第6章

法人から個人へ

1 個人成り · · · · · **238**

■ 個人成りのメリット・デメリット

2 撤退のタイミング · · · · · **241**

■ 法人にしているメリットがなくなった

3 休眠か清算か · · · · · **246**

■ 個人成りの手続き

4 休眠の手続きと届出の効果 · · · · · **249**

■ 自治体によって取扱いが変わるので注意が必要

5 休眠中の確定申告 · · · · · **254**

■ 休眠中でも法人税申告書の提出は必要

6 事業税・住民税・所得税の申告 · · · · · **255**

■ 事業税と住民税の申告は不要になる

■ 個人所得税の最近の税制改正による注意点

7 資産の完全移転 · · · · · **258**

■ 資産の完全移転が条件 　■ 消費税の例外計算

■ 棚卸資産の移転 　■ 事業用資産の移転

※本書の内容は、令和4年8月31日現在の法令等によっています。

序章

法人税と所得税、そして消費税

~不利な規定であっても、
その事情とタイミングによっては
有利な規定になってしまう~

法人成りのハードルは低くなっている

　「はじめに」でも申しましたように、昨今では法人成りの実務についてもかなり様子が変わり、以前は、法人成りをするにあたっても、最低資本金が株式会社の場合は1,000万円、有限会社でも300万円が必要でしたが、会社法が制定されてからは、資本金は０円でも設立できるようになりました。

　実際には実務上でもさすがに０円で設立することは少ないと思われますが、それでも「０円で設立した」という話は当時よく耳にしました。

　しかし、法人成りの場合には、個人事業で使用していた何らかの設備を会社でも使用するでしょうから、せめてそれを見越して現物出資などの方法を用いてでも、50万円とか100万円とかの資本金での設立はできるのではないかと思います。

　設備などの移転資産もなく、現金での出資についても０円ということは事実上は考えにくいです。

　資本金は、これから会社を運用していく元手になる資金ですので、仮に０円で設立した場合には、「我が社にはお金がない」というように見えてしまいます。

　実際には銀行とか知人とか、どこからか借金をして、それを元手に会社を運用していくのでしょうが、せめて、いくらかの自己資金を資本金に組み入れて出発したほうがよいです。

　取引先としていの一番に見る場所はやはり会社の規模なのではないでしょうか。

▼ 資本金100万円の場合

（現　　　金）100万円	（資　本　金）100万円

▼ 資本金0円で、100万円借りた場合

（現　　　金）100万円	（借　入　金）100万円

　資本金が0円ということは、通常はその分借金があるということになります。

　しかしながら、以前は1,000万円もの大金を準備しなければならなかったのですが、その資金がいくらでもよくなった訳ですから、それだけでもやはり、会社設立のハードルは下がりました。

　登録免許税など、会社の登記や定款認証に必要なお金は20万円ほどになりますが、それさえあれば、会社はいつでも設立できますので、そこはやはり実務でもかなり気楽に法人成りができるようになりました。

　最近では、法人成りや個人成りの相談もかなり多くなってきています。

　相談はやはり金銭的な事がほとんどですが、大抵の場合は個人だけで負担していた税金はかなり少なくなりますので、結果的に法人として次のステップに進んでいく、ということで落ち着きます。

　本書では、かんたんになった法人設立にまつわる実務上のあれこれを、『法人成り』、『個人成り』という論点に絞って、様々な事象について、思うことをいろいろと解説していきたいと思います。

　まずは法人成りをしたときの資産の移転についてその基本的なことをいくつかお話ししておきたいと思います。

時価と販売価額、購入価額、まちがうと追徴課税

法 法人成りにともなって、個人事業者が使用していた事業用資産を法人が使用する場合には、通常は個人から法人に対する『資産の譲渡』として処理します。

このとき、個人から法人に対して譲渡する資産の価額を決定しなければなりませんが、通常は時価によって販売価額を決定することになります。

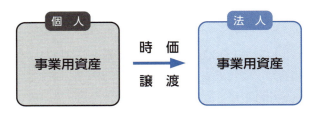

個 ここで注意すべきことは、個人事業者側での販売価額です。この販売価額が一定額（202頁参照）よりも少なければその販売価額は否認され、その差額は『個人と法人で取り決めた販売価額』に加算されることになります。

法 一方、そこで決定された販売価額が、法人側では資産の購入価額となりますが、法人税では、その購入価額がその対象資産の税務上の取得価額となるわけではありませんので注意が必要です。

法人側では、その購入金額が社会通念上、時価とされる金額よりも著しく低額によって取得した資産については、低価買入として特殊な計算が必要（226頁参照）となります。

また補足として、法人税上はその取得価額に付随費用が発生していれば、その金額を加算した金額が取得価額となります。

▼ 法人

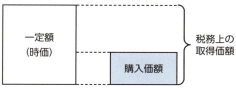

個 法 個人と法人の取引では、それぞれを利害関係のある第三者として認識して、それぞれが好き勝手にはできないように規制されています。

上記の場合、時価と販売価額の関係が逆になったときには、また違った取扱いになります。

個人事業者側においては、時価よりも高額で販売したことによるお咎めは何もありませんが、法人側では、高価買入となり、その取得価額は時価で取得したものとして扱われます。

そしてその差額は、相手先への経済的利益の供与となりますので、相手先が当社の役員であれば役員賞与となります。

▼ 個人事業者

▼ 法人

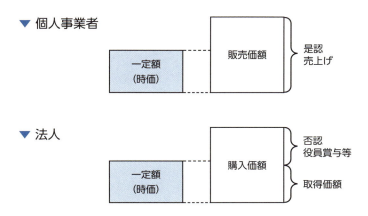

あと、販売価額を決定する上で注意すべきことは、消費税の課税関係があります。

消費税が払えないので譲渡できない

個 **消** 個人事業者が**消費税の課税事業者である場合には**、その事業用資産の譲渡は消費税の課税対象取引となりますので、課税取引となる資産の譲渡であれば、**最後年度の申告による消費税の納付額はその分増えます。**

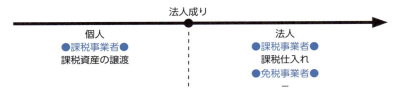

また、個人が使用していた事業用の土地を会社に譲渡する場合には、非課税取引となりますので、その金額によっては消費税の課税売上割合にも影響を及ぼしますので注意が必要です。

資産の移転において、『譲渡』として取り扱えば、**個人側では課税資産の譲渡となり、消費税の負担が待っている**ということです。

法 法人側においては、設立当初から課税事業者であることを選択した場合には、取得資産については課税仕入れとなり、消費税の仕入税額控除の対象となりますから、問題はありませんが、法人側で資産を受け入れる時において、**免税事業者であったり、簡易課税を選択している場合には、個人で支払った消費税は支払いっぱなしになりますので**、問題が生じてきます。

そもそも税金の負担は、社外流出項目となります。
個人側で支払った消費税が法人側で控除の対象となるのであれば、両者の課税関係を考慮した場合には、実質的にその取引における支払額は無いことになりますが、片方で控除の対象にならない場合には、消費税の負担をもろに被ることになってしまいます。

これでは、移転する資産が高額なものである場合には、『譲渡』の処理
は難しくなります。

法 せっかく法人成りをした場合であっても、そのデメリットを受け入れる
ために、設立当初から法人成りの旨みである免税期間を放棄せざるを得
ないことになってしまいます。
法人側としては、法人成りにともなって、個人事業者から法人で使用し
たい資産を買い受けたいのですが、そういった事情がある場合や、資産
があまりにも高額である場合には、到底買い受けることはできなくなっ
てしまいます。**法人側で買えない事情があるのであれば、あとは借りる
しか方法がありません。**

個 **この場合、個人事業者は**従来の法人成りをした事業自体は、法人に引き
継ぐことになりますが、**新たに法人に対して資産の貸付けによる事業所
得や不動産所得が発生する**こととなります。

それなりに事業規模があって、あとは反復継続することとなるのであれ
ば、動産の貸付けについては、事業所得でよいかと思います。
そして、法人側では『賃借料』が経費として発生することになります。
本来であれば買いたいものであっても、事情があって買えないのですか
ら、借りるしか方法はありません。

個 仮に個人事業者での賃貸料が年間数百万円までなのであれば、2年後は
免税事業者になります。

個人事業者としては、その課税事業者である期間においては簡易課税制
度の選択も視野に入れて、節税をすることとなります。

個 その間に、法人側では最初は免税事業者であっても、いずれ課税事業者
となり、そのタイミングで資産を譲渡することが可能になってくるので

はないでしょうか。

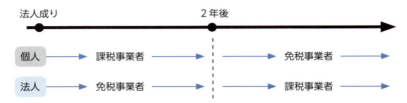

ただし、令和5年10月より、インボイス制度が導入されますので、免税事業者からの課税仕入れについては、消費税の仕入税額控除ができなくなりますので、そのあたりのことも視野に入れてそれぞれの課税関係を考えていく必要があります。

法 このように、一見納税者にとっては不利な規定であっても、その事情とタイミングによっては有利な規定にもなります。

インボイス方式（適格請求書等保存方式）についても考える必要がある

個 これまで、消費税については法人成りの場合、移行後は「免税事業者」一択であったのですが、令和5年10月1日より開始されるインボイス制度により、完全に「免税事業者を選ぶ」とは言い切れなくなりました。このインボイス制度では、買い手が仕入税額控除の適用を受けるためには原則として、インボイスの保存が必要となり、このインボイスは、事前に税務署への申請登録を済ませた適格請求書発行事業者である売り手が発行することができます。

免税事業者はインボイスを発行することができないため、買い手である取引相手が課税事業者である場合に、その取引において基本的に消費税の仕入税額控除の適用を受けることができなくなるため、取引に影響が出ることも考えられますので注意が必要です。

第1章

個人・法人の所得と
消費税の取扱い

所得の種類と損益通算

　個人と法人の税金上の違いについて、これから色々と考察していきますが、個人と法人の最大の違いは、その所得計算の方法にあります。

法 **法人税の所得計算は、**定款に記載された事業目的に適合した所得だけでなく、法人の事業活動に関連して生じた利得に関する一切の取引を損益計算書、貸借対照表に記載して、その**すべての利益を一本で算出**し、その利益から誘導的に法人税の課税所得である所得金額を算出する仕組みとなっています。

個 一方、**所得税の場合は、所得の種類を10種類に区分して、**その区分ごとに課税所得を計算してから、**それぞれの所得金額を合算する**総合課税という計算方法の仕組みになっています。

所得① ＋ 所得② ＋ 所得③ ＋ 所得④ ＋ 所得⑤ ＋ 所得⑥

所得⑦ ＋ 所得⑧ ＋ 所得⑨ ＋ 所得⑩ ＝ 所得税の課税所得

　法人税であれば事業に関連する損失が生じた場合には、当然に他の利益と通算されることになりますが、所得税の場合には、その所得の種類によっては他の区分と損益通算ができないものがあります。

個▶ 所得税の10種類の所得区分と損益通算は、所得税と法人税の計算の違いの特徴的なところです。

所得税が10種類の所得区分に分けられているのは、それぞれの所得の性質に応じた所得計算や税金計算をするためで、担税力に応じた課税を実現するためです。損益通算も、**それぞれの所得の性質に応じて、損益通算が認められる所得区分と認められない所得区分の違い**があります。

個人事業者の所得については、その所得の性格によって次の10種類に区分されますので、まずはそれぞれを簡単に説明しておきます。

❶ 利子所得

利子所得は、預貯金や公社債の利子、合同運用信託、公社債投資信託、および公募公社債等運用投資信託の収益の分配に係る所得をいいます。

利子所得の金額は、利子等による収入金額（源泉徴収税額控除前の金額）が、そのまま利子所得の金額となります。

$$\boxed{\text{収入金額（源泉徴収前）}} \quad = \quad \text{利子所得の金額}$$

利子所得は、一律20.315％（所得税・復興特別所得税15.315％、地方税5％）の所得税等が源泉徴収されています。これにより課税が完結する源泉分離課税の対象でもあります。

> **損益通算**
>
> 利子所得は、所得計算の仕組上、損失が生じないため、損益通算の対象になりません。

❷ 配当所得

配当所得は、株主や出資者として法人から受ける配当や、公社債投資信託及び公募公社債等運用投資信託以外の投資信託及び特定受益証券発行信託の収益の分配などに係る所得をいいます。

配当所得の金額は、次のように計算します。

$$\boxed{\text{収入金額（源泉徴収前）} - \text{借入金の利子} = \text{配当所得の金額}}$$

※収入金額から差し引くことができる借入金の利子は、株式など配当所得を生ずべき元本のその年における保有期間に対応する部分に限られます。なお、譲渡した株式に係るものや確定申告をしないことを選択した配当に係るものについては、収入金額から差し引くことはできません。

損益通算

　　配当所得の損失が生じた場合は、損益通算できません。

　　配当所得で損失が生じる場合は、受け取る配当金より支払う借入金の利子が上回るときです。利殖による所得である配当所得の財源である株式を借入金で取得し、その借入金の利子を控除することにより生じた損失を、損益通算により他の所得より控除した場合、利殖により生じた損失を控除することになり、課税の不公平が生じるため損益通算の対象外としています。

❸ 不動産所得

　不動産所得は、不動産の貸付けによる所得をいいます。

　不動産の貸付けは、土地や建物だけでなく、土地の上に存する権利、船舶又は航空機、地上権や永小作権の設定など、他人に不動産等を使用させることを含みます。

　不動産所得の金額は、次のように計算します。

$$\boxed{\text{総収入金額} - \text{必要経費} = \text{不動産所得の金額}}$$

※総収入金額は賃貸料収入のほかに、名義書換料、承諾料、更新料又は頭金などの名目で受領するものや敷金、礼金、保証金などのうち返還を要しないもの、共益費などの名目で受け取る電気代、水道代や掃除代なども含みます。
※必要経費は、不動産収入を得るために直接必要な費用のうち家事上の経費と明確に区分できるものです。例えば、貸付資産に係る固定資産税、損害保険料、減価償却費、修繕費が該当します。

損益通算

　　不動産所得の損失が生じた場合は、損益通算の対象となります。

　　なお、不動産所得の損失のうち、貸付用土地を取得するための借入金の利子に相当する部分は、損益通算の対象から除かれます。

❹ 事業所得

　事業所得は、農業、漁業、製造業、卸売業、小売業、サービス業その他の事業から生ずる所得をいいます。

　事業所得の金額は、次のように計算します。

$$\boxed{総収入金額} - \boxed{必要経費} = 事業所得の金額$$

※総収入金額は事業から生ずる売上金額のほかに、金銭以外の物や権利その他の経済的利益の価額、商品を自家用に消費したり贈与した場合のその商品の価額、商品などの棚卸資産について損失を受けたことにより支払いを受ける保険金や損害賠償金等、空箱や作業くずなどの売却代金、仕入割引やリベート収入も含まれます。

※必要経費は、収入を得るために直接必要な売上原価や販売費、管理費その他費用をいいます。例えば、売上原価、給与、賃金、地代、家賃、減価償却費が該当します。

　必要経費の特例として、次のようなものも認められます。

① 家内労働者等の所得計算の特例

　家内労働者等については、必要経費の額が55万円に満たない場合には、最高55万円まで必要経費とすることができます。家内労働者等とは、家内労働法に規定する家内労働者や、外交員、集金人、電力量計の検針人のほか、特定の人に対して継続的に人的役務の提供を行うことを業務とする人をいいます。

② 事業に専ら従事する親族がある場合の必要経費の特例

　事業主が生計を一にする配偶者その他の親族に支払う給料は、必要経費に算入されません。ただし、一定の要件に該当する場合には、次の金額を必要経費に算入することができます。

◉ 青色申告者の場合

　事業主と生計を一にする配偶者その他の親族が、事業主の事業に従事することができると認められる期間の$\frac{1}{2}$を超える期間、その事業に専ら従事することにより、税務署長に提出された届出書に記載された範囲内の給与の支払を受けた場合には、事業主はその給与の額のうち労務の対価として適正な金額を事業所得の必要経費に算入することができます。

● 白色申告者の場合

　事業主と生計を一にする配偶者その他の親族が、事業主の事業にその年を通じて6ヶ月を超える期間、その事業に専ら従事した場合には、事業主は、親族1人につき最高50万円（配偶者の場合には最高86万円）を必要経費とみなして、事業所得の計算をすることができます。

損益通算

事業所得の損失が生じた場合は、損益通算の対象となります。

❺ 給与所得

給与所得は、勤務先から受ける給料、賞与などの所得をいいます。
給与所得の金額は、次のように計算します。

　（収入金額（源泉徴収前）） － （給与所得控除額） ＝ 給与所得の金額

※収入金額には、金銭で支給されるもののほか、現物給与も含まれます。

損益通算

　給与所得は、所得計算の仕組上、損失が生じないため、損益通算の対象になりません。なお、給与所得の計算の特例で、特定支出控除をすることにより損失が生じる場合でも、損益通算の対象にはなりません。

❻ 退職所得

　退職所得は、退職により勤務先から受ける退職手当や加入員の退職に基因して支払われる厚生年金保険法に基づく一時金などの所得をいいます。
　退職所得の金額は、次のように計算します。

$$\boxed{\text{収入金額(源泉徴収前)} - \text{退職所得控除額}} \times \frac{1}{2} = \text{退職所得の金額}$$

※適格退職年金契約に基づいて支給される退職一時金などについて、従業員自身が負担した保険料又は掛金がある場合には、その支給額から従業員が負担した保険料又は掛金の金額を差し引いた残額を退職所得の収入金額とします。

※役員等としての勤続年数が5年以下である場合など、退職所得の金額の計算について、「$\times \frac{1}{2}$」はされない場合があります。

> **損益通算**
> 退職所得は、所得計算の仕組上、損失が生じないため、損益通算の対象になりません。

❼ 山林所得

　山林所得は、山林を伐採して譲渡したり、立木のままで譲渡することによって生ずる所得をいいます。

　ただし、山林を取得してから5年以内に伐採又は譲渡した場合には、山林所得ではなく、事業所得又は雑所得になります。

　山林所得の金額は、次のように計算します。

※総収入金額は、譲渡の対価が収入金額となります。
　なお、山林を伐採して自己の家屋を建築するために使用するなど家事のために消費した場合は、その消費したときの時価が総収入金額に算入されます。
※必要経費は、植林費などの取得費のほか、下刈費などの育成費、維持管理のために必要な管理費、さらに、伐採費、搬出費、仲介手数料などの譲渡費用です。
※必要経費は、概算経費控除といわれる特例もあります。伐採又は譲渡した年の15年前の12月31日以前から引き続き所有していた山林を伐採又は譲渡した場合は、収入金額から伐採費などの譲渡費用を差し引いた金額の50％に相当する金額に伐採費などの譲渡費用を加えた金額を必要経費とすることができます。

> **損益通算**
> 山林所得の損失が生じた場合は、損益通算の対象となります。

❽ 譲渡所得

　譲渡所得は、土地、建物、ゴルフ会員権などの資産を譲渡することによって生ずる所得、建物などの所有を目的とする地上権などの設定による所得で一定のものをいいます。
　ただし、事業用の商品などの棚卸資産、山林、減価償却資産のうち一定のものなどを譲渡することによって生ずる所得は、譲渡所得となりません。

> **損益通算**
>
> 　次に掲げる資産以外の資産を基因とする譲渡所得の損失は、損益通算の対象となります。
>
> (1) **株式等**　　(2) **不動産（建物・土地）**　　(3) **生活に通常必要でない資産**
>
> 　なお、(1)～(3)の資産の譲渡所得の損失は、租税政策などにより特別な取扱いがされます。

❾ 一時所得

　一時所得は、上記❶から❽までのいずれの所得にも該当しないもので、営利を目的とする継続的行為から生じた所得以外のものであって、労務その他の役務の対価としての性質や資産の譲渡による対価としての性質を有しない一時の所得をいいます。

> たとえば次に掲げるようなものに係る所得が該当します。
> ・懸賞や福引の賞金品、競馬や競輪の払戻金
> ・生命保険の一時金や損害保険の満期返戻金
> ・法人から贈与された金品

　一時所得の金額は、次のように計算します。

※その収入を生じた行為をするため、又は、その収入を生じた原因の発生に伴い、直接要した金額に限ります。

> **損益通算**
>
> 　一時所得の損失は、その所得の性質上、損益通算の対象になりません。
> 　なお、一時所得の内部において、損失と所得が生じた場合には、一時所得の内部での通算が可能です。

❿ 雑所得

　雑所得とは、上記❶から❾までの所得のいずれにも該当しない所得をいいます。

> たとえば次に掲げるようなものが該当します。
> ・公的年金等
> ・非営業用貸金の利子
> ・著述家や作家以外の人が受ける原稿料や印税
> ・暗号資産の売却益、売却損

　雑所得の金額は、次の①と②との合計額です。

①　公的年金等以外のもの

②　公的年金等

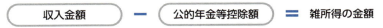

※公的年金等控除額は、受給者の年齢、年金の収入金額に応じて定められています。

> **損益通算**
>
> 　雑所得の損失は、その所得の性質上、損益通算の対象になりません。
> 　なお、雑所得の内部において、損失と所得が生じた場合には、雑所得の内部での通算が可能です。

個人と法人、所得区分のまとめと消費税

区分	個人		法人		消費税
	総合／分離	損益通算	損益区分	損益通算	資産の譲渡等
❶利子所得	一部分離	－	営業外損益	○	非課税
❷配当所得	選択	－	営業外損益	○	不課税
❸不動産所得	総合	○	営業損益	○	課税／非課税
❹事業所得	総合	○	営業損益	○	課税／非課税
❺給与所得	総合	－	－	－	不課税
❻退職所得	分離	－	－	－	不課税
❼山林所得	分離	○	営業損益	○	課税
❽譲渡所得	一部分離	○	特別損益	○	課税／非課税
❾一時所得	一部分離	×	特別損益	○	課税／非課税／不課税
❿雑所得	一部分離	×	特別損益	○	課税／非課税／不課税

法人・個人の消費税の取扱いの違い

　消費税額の計算については、税額はもちろん、その計算方法についても原則として法人と個人に違いはありません。しかし**消費税の納税義務者の判断基準**となる基準期間の課税売上高が1,000万円超かどうかの判断については異なる部分があります。基準期間とは前々年度のことをいい、**法人は前々事業年度、個人は前々年**になります。基準期間の課税売上高の計算では、個人の場合、年の途中で開業して事業活動の期間が1年未満でも課税売上高は年換算せず、実額で計算しますが、法人の場合は事業年度が1年未満であれば年換算します。

第2章

個人から会社へ

1 会社組織

会社の種類は4種類

『会社』と一言で言っても様々な種類があります。

現行の会社法上では、株式会社、合名会社、合資会社、合同会社（ＬＬＣ）があります。
これらのうち、一般的なものが株式会社となります。

本書では株式会社を前提として説明していきます。

法 株式会社について、会社法では平成18年以降、最低資本金の規制はなくなりましたので、**資本金はいくらであっても会社を設立することができます。**
また、会社の経営をする役員も以前は、取締役が3名以上、監査役が1名以上必要だったのですが、これについても**取締役1名で株式会社を作ることができる**ようになりました。

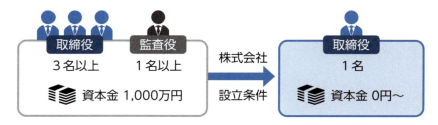

取締役の責任と株主の責任は違うもの

会社組織というものの特徴のなかで、個人事業と違う部分については、その事業についての『責任関係』というものがあります。

法 会社に関わっている人の責任関係においては、『経営責任』といわれるものがあります。これは、会社を経営する取締役が自分の業務を遂行する上で、不良なく業務を遂行する責任とでもいいましょうか。私利私欲に走ることによって、株主や関係者に損害をあたえるようでは困ることになりますので、その責任については常識の範疇で経営者である役員が問われることとなります。ただし、この責任は主に株主や従業員が、不良のあった役員に対して追及するものとなります。

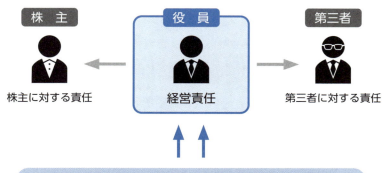

★不良役員に対して、株主や従業員が経営責任を問う

株主の責任

上記とは別に、株主の責任があります。

株主はその立場としては、自己の財産を会社に投資しています。会社の経営は、その株主が投資した財産を元手にして取締役として株主から任命され

た経営陣が行います。

仮に事業に失敗したときの責任として、**株主はその投資した財産の範囲内で責任を負うことを**『**有限責任**』とされています。

★株主は投資した財産の範囲内で責任を負う

なお、合名会社は出資者のすべてに『無限責任』があります。合資会社は『無限責任』のある者と『有限責任』のある者があります。合同会社は株式会社と同様にすべて『有限責任』となっています。

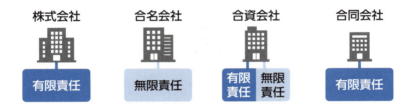

このように、会社に対する責任といった側面からは、個人で経営をしている事業者であれば、その代表者がすべての責任を負うリスクがありますが、その事業を会社組織にすることによって、株主の立場として関わるのであれば、その出資額の範囲内における責任となります。

ここで、誤解してはいけないことは、関与先などの第三者に対する責任としては、取締役など表見代理権を有する経営陣が責任を持って業務を遂行することとなりますが、**金融機関に対しては、株主と取締役が同一人物でない場合には、借入れをした際に連帯保証などの責務を実際は要求されることがあります。**

しかし、個人事業が軌道にのって、組織として動きだし、あとは人に任せて運営していきたいというタイミングがあるのであれば、それは法人成りをする最後のタイミングとなるのかもしれません。

競業避止義務（きょうぎょうひしぎむ）に注意

法 今まで個人でしてきた事業の取引が、法人成りをすることによって、法人としての事業に切り替わります。

このとき本来は会社の取引とすべき取引を、取締役となった個人が自己のため又は第三者のためにその地位を利用して会社にとって不利益となるような競争的な性質の取引としてしまうことは、会社法では競業避止義務として制限されています。

「会社にとって不利益となるような競争的な性質の取引」とは具体的に次のような取引をいいます。

たとえばよくあるのが、法人成りをしたあとにおいても、**取引の一部を個人の売上としてしまうような取引**です。通常は法人の利益となるべき取引を個人の利益としてしまう行為は、取締役としての地位を利用して個人や第三者の利益とする取引であると認識されます。

取締役は、そのような取引があった場合には、「株主総会においてその取引について重要な事実を開示し、その承認を受けなければならない」と会社法において制限されています。

会社法では、取締役会の設置されている会社であれば取締役会で、設置されていない会社であれば株主総会において、その事実を開示してその承認を得なければならないこととなっています。

第2章　個人から会社へ

23

競業避止義務で制限されるような取引があった場合には、税法でも課税庁と揉めるケースとなることが想定されます。

法人成りをしてからも売上の一部を個人の所得としてしまうような行為は、常識的にも会社に対する利益相反行為となりますので、課税庁側から見れば合理的な理由がない限り、租税回避行為と捉えられてしまう可能性があります。

ただし、たとえ競業避止義務に違反して取締役がそのような取引を行った場合でも、法律上はその取引自体は原則として無効とはされませんので、それを税制面では即否認ということはいささか強引な気がします。

取引自体が原則として無効とされないのは、あくまで利害関係のある第三者がいる場合の法律上の効果ですので、課税関係ではやはり**租税回避行為と捉えられるケースもある**と考えられます。また取締役は、会社に対して損害賠償義務を負うことになりますので、これもあわせて注意が必要です。

消 ▶ 事情によっては、一見競業避止に抵触するような取引であっても、実務的にはやむを得ない事情によるものも多々あります。そのような場合は特に、消費税の課税にも大きく関係する部分となりますので、取締役会や株主総会だけでなく、税務署に対しても租税回避を目的とするものではなかった旨をしっかりと説明できるようにしておく必要があります。

株式の譲渡制限は非常に重要

　株式の譲渡制限については、会社の機関設計を考える上では非常に重要なものとなります。

会社の株式を自由に譲渡できないように制限を設けることを『株式の譲渡制限』といいます。これは、定款の相対的記載事項として「株式の譲渡制限に関する定め」の記載がある会社であれば、その会社の譲渡は取締役会設置会社であれば取締役会、取締役会を置かない会社であれば株主総会で譲渡を承認するかどうかが決められるようになります。

　具体的な定款への記載は「当会社の発行する株式の譲渡による取得については、株主総会の承認を受けなければならない。」などと記載します。

　そして、この定めがある会社は、**取締役を１名だけにしたり、役員の任期を延長することができる**ようになります。

　次に会社の設立の形態としての機関設計について触れていきたいと思います。

設立の形態（機関設計）は自由

　役員と株主が同一人物であっても会社は設立することができます。しかし、株主としての立場と役員としての立場や責任は上記でもお話ししたように、それぞれで違いがあります。
　会社というのは個人の集合体、つまり同じ目標をもつ人の集団であり、組織であることが前提となります。

株主としての責任　　　**役員としての責任**

　会社組織の機関設計は原則として自由に設計することができます。取締役が２名以上いる場合には、通常はうち１名を代表取締役に選定します。

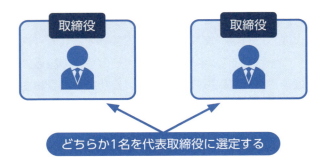

　取締役会を設置する会社は、3人以上の取締役を置く必要があり、原則として監査役を置かなければなりません。この場合、設置する監査役は業務監査と会計監査をしますが、株式の譲渡制限がある会社については、会計監査のみとすることができます。

　株主が1人で自分自身が社長をするなど、**実質オーナー1人会社である場合には、取締役は1人であるほうが柔軟な経営判断が可能**となり、会社を運営しやすいというメリットがあります。しかし、株主は1人であっても、**会社の経営を他人に任せたりする場合には、その柔軟さがかえってデメリットとなることがあります**。取締役は様々な場面で重要な会社の経営判断をし実行することができますので、悪意をもって行動すれば、様々な悪事を働くことも可能となります。そのような事態に備え、場合によって取締役は複数いたほうが、各取締役の暴走を牽制したり、お互いに業務を監視するなどして、不正や怠慢である取締役の行動や重要事項の決定権や採決などを抑制することができるようになります。

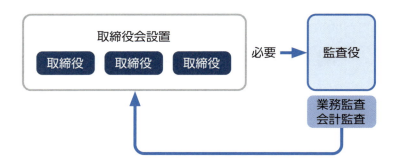

3種の役員、最長10年

会社には役員と呼ばれる人がいます。この役員はいわゆる経営陣とも呼ばれたりしますが、その役員たちにも色々な業務を任された人がいます。

❶ 取締役

取締役は、経営者の1人であり取締役会の構成メンバーです。取締役会とは会社の業務執行の意思決定機関であり、3人以上の役員で構成されます。上場企業の場合は、取締役会の設置が義務付けられています。

つまり上場企業は、取締役3名以上に、監査役が必ずいる会社になります。

取締役は株主総会によって選任されます。選任された**取締役は、会社運営の重要事項や方針の決定をし、業務執行を代表取締役に委任**します。また、取締役は代表取締役の業務執行の監査をしたり、代表取締役の選任、解任をします。

取締役が複数いる場合には、取締役が決定した事項について、代表取締役が行動を起こすということになります。次に、その任期についても解説しておきます。

【取締役の任期】

▶ **取締役の任期は原則として「選任後2年以内**に終了する事業年度のうち最終のものに関する定時株主総会の終結の時まで」とされています。なお、すべての種類の株式について**株式の譲渡制限を設けている会社の取締役の任期は「選任後10年以内**に終了する事業年度のうち最終のものに関する定時株主総会の終結の時まで」延長することができます。

少し難しいのですが、ここでのポイントは、要は、取締役の任期を10年に延長するために、株式の譲渡制限を設ける必要があるということです。

❷ 監査役

監査役は株主総会で選任され、取締役の職務の執行を監査することがその役割となります。監査役がする監査には、『業務監査』と『会計監査』とがあります。

監査役の任期は原則として「選任後4年以内に終了する事業年度のうち最終のものに関する定時株主総会の終結の時まで」とされています。なお、監査役も取締役と同様に、すべての種類の株式について株式の譲渡制限を設けている会社の監査役の任期は「選任後10年以内に終了する事業年度のうち最終のものに関する定時株主総会の終結の時まで」延長することができます。

監査役についても10年までその任期を延長することができますので、監査役も取締役と同様に株式の譲渡制限を設けている必要があります。

❸ 会計参与

会計参与は、経営者と共同名義で会社の決算書類を作成する専門家です。会計参与が出来る専門家には、公認会計士または税理士にこの資格が認められています。

会計参与の任期は「取締役の規定を準用する」となっていますので、「選任後2年以内に終了する事業年度のうち最終のものに関する定時株主総会の終結の時まで」となります。

なお、会計参与も取締役と同様に、すべての種類の株式について株式の譲渡制限を設けている会社の会計参与の任期は「選任後10年以内に終了する事業年度のうち最終のものに関する定時株主総会の終結の時まで」延長することができます。

会計参与は決算書の内容について株主などの第三者に報告義務のあるような比較的大きな会社に設置するのが一般的です。実質オーナー1人会社であ

るような小さな会社については、それを設置することによるコスト面などを
考慮しても通常は必要ありません。

　税理士は会計参与として、関与先の経営に関わることができますので、責任
はとても重大ですが、こちらも10年まで任期が延長できるようになっていま
す。

　しかし、10年までその任期を延長することはできますが、その10年という
スパンは大変長いスパンであるといえます。
　役員変更などの手続きを簡略化させるには、非常にラクな制度なのですが、
やはり色々な意味で、上記のどの役員の業務を委任する場合でも、**その人材の
選出やその任期の期間は慎重に考える必要があります**。また、受任する側も同
じです。

2 メリット・デメリット ―申告―

個人から会社へ、メリット・デメリット

　前述までのとおり、やはり会社は個人の集合体であり組織である、というのはもはや昔の話になってきたように思われます。
　それは、株主が1人であり、取締役が1人。そして株主と取締役は同一人物。という会社が存在するからです。

　では、事業の形態を個人から会社にするメリットとは、どのようなものがあるのか、また逆に会社にしたことによるデメリットにはどのようなものがあるのかを、様々な角度から考えていきたいと思います。

申告義務がない個人事業者と必ず申告義務が生じる法人

個 ▶ 個人で事業を営んでいる人からすると、これはあまり意識されていないことでもあるのですが、**個人事業者の場合、事業活動はしていても、申告義務がない場合があります。**

個 個人事業の場合、たとえば、事業所得がある年度であっても、**その年分の所得金額が38万円以下である場合**には、所得税は課税されません。またそれ以前に確定申告をする義務が免除されます。

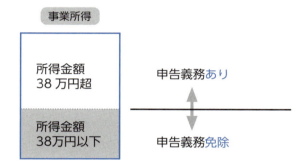

また、給与所得がある人であっても、**副業として営んでいる事業の合計所得金額が20万円以下である場合**には、上記と同じく申告義務が免除されます。

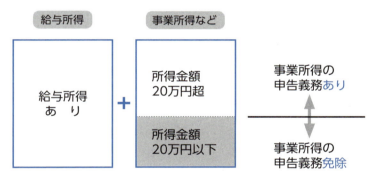

青色申告をしている事業者については、「赤字になったときに損失を繰り越したい」という理由があるときは、申告をする必要があります。

個 ▼ 個人の場合

法 ここは、法人と比べて、大きな違いになります。

実際に申告をしている個人事業者であれば、なかなか気付かないポイントにもなります。

法人であれば、そのような制限もありませんし、青色申告であろうが白色申告であろうが、また黒字であろうが赤字であろうが、とにかく**法人を設立した以上は、次の瞬間から、必ず毎年法人税の確定申告書を提出する義務が生じます。**

▼ 法人の場合

また、住民税においても法人住民税として、**たとえ赤字であっても均等割としての住民税を納付する義務が生じます。**

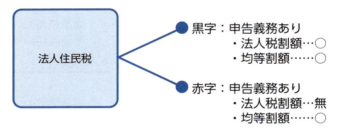

法人住民税の均等割額については、事業をしなくなった場合には、別に休眠届けを提出して、法人住民税の均等割額の税負担をストップさせる方法があります。この場合、その後の事業年度においては、法人住民税の申告書は提出する必要がありません。

しかし、法人税に関しては、会社が解散するまでは必ず申告書を提出しなければなりません。

また、休眠届けについては、『休眠』ということですので、「事業活動を行っていない」ということが前提になります。

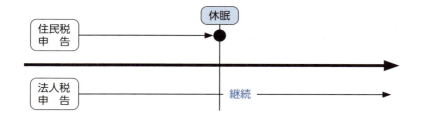

個 所得税は個人に対する税金のため、納税事務の負担を軽減できるように、税務手続きを簡素にするような仕組みになっています。

そのため、課税される所得が生じない場合に申告義務が生じないようになっています。その反面、**還付金が生じるような場合も、**申告は任意であり、**自ら確定申告しなければ原則として還付金を受けることができません。**話は少しずれますが、給与所得者の納税事務も、源泉徴収と年末調整で完結する仕組みも、納税事務の負担を軽減するための一例です。

- 38万円超
  又は20万円超········必須
- 38万円以下
  又は20万円以下····任意
- 損失の繰越··················任意
- 還付金が生じる場合···任意

3 メリット・デメリット ―事業主給与―

事業主の給与で所得を分散する

法 **個** 個人事業から法人成りへのメリットとして、**事業主に対する給与**を支給した場合に、**法人税では損金として費用になる**という点があります。これは**所得税では事業主に対する給与の支給は認めていない**ことから生じるメリットなのですが、この『事業主に対する給与』という事について、所得税と法人税での基本的な考え方の違いを考察してみたいと思います。

個 所得税法上、事業所得の計算は、事業所得に係る総収入金額から必要経費を控除した金額が所得金額となります。

このとき、その事業所得の計算上、事業主自身の給与は必要経費になりません。

法 これに対して、法人成りをした場合、事業主はその法人の役員となり、その役員に対して、会社が役員報酬を支給したときは、原則として法人税法上はその役員報酬が費用として認められる損金となります。

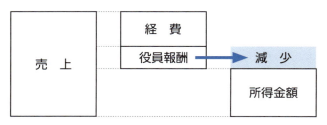

法 法人税では、役員の報酬が損金となり、その役員報酬分で課税対象である所得金額が少なくなるので、その分メリットになります。

個 また、それだけではなく、実は法人から支給される役員報酬は、所得税では『給与所得』となり役員の所得税の課税対象となるのですが、給与所得の金額の計算上、『給与所得控除額』が控除されます。
その給与所得控除額分の控除は、所得税の課税対象を圧縮させるという更なるメリットがあります。

■ 法人では、事業主の給与は役員報酬として損金になる・・・・・・・・・・・・・・・

個 所得税法が適用される個人事業では、事業と事業主は一心同体のため、その事業から生じた利益すべてが事業主のものとなります。そのため、事業主への給与を支給するという考え方が適さないため、事業主への給与を支給したとしてもそれは必要経費になりません。

法 一方、法人税が適用される会社では、法人と役員は一心同体ではありません。法律上は両者の関係は委任契約の関係となっていますので、それぞれが別人格として分離している関係にあります。

つまり役員は法人から委任された経営の対価として役員報酬を受取ることになります。
そのため、法人が支出する役員報酬は、役員への正当な対価として損金として認められます。

■ 役員報酬からは給与所得控除額が控除されるので節税となる・・・・・・・・・

個 役員報酬は、役員の給与所得として所得税の課税対象となりますが、給与所得の金額の計算上、給与所得控除額が控除されます。

給与所得控除額とは、給与所得の収入金額から控除される概算経費であり、次のように計算されます。

● 給与所得控除額（令和2年以降）

給与等の収入金額	給与所得控除額
162.5 万円以下	55 万円
162.5 万円超　180 万円以下	収入金額× 40% − 10 万円
180 万円超　360 万円以下	収入金額× 30% ＋ 8 万円
360 万円超　660 万円以下	収入金額× 20% ＋ 44 万円
660 万円超　850 万円以下	収入金額× 10% ＋ 110 万円
850 万円超	195 万円

■ 家族が一緒に働いている場合・・・・・・・・・・・・・・・・・・・・・・・・・・・・・

個 所得税法上、家族従業員の給与は、生計を一にする場合、原則必要経費とならず、一定の要件のもとに事業専従者の特例として必要経費に算入することができます。しかし、専従者として必要経費算入の対象とした親族は配偶者控除や扶養控除の対象とすることはできません。

個 所得税では、なぜ、家族従業員の給与は、原則、必要経費に認められないのかといいますと、生計を一にする親族の場合、親族間で給与の支払いなどのお金のやりとりがあったとしても、『生計が一』、すなわち家計がひとつなので、やりとりをしたお金は結果的に、親族みんなのものになります。実質的に、『お金のやりとりがなかったのと同じ』と考えられます。生計を一にする親族間の給与の支払いを無制限に必要経費とした場合、意図的に親族間へ給与の支払いをし、所得の分散により租税回避行為が生じる可能性があるため、**所得税では生計を一にする親族間の**

給与の支払いは、原則、必要経費に算入できないこととしています。

個 家族従業員であれば、すべて必要経費にできないのかというと、そういうわけではありません。**家族従業員でも生計を別にする方への給与は、通常の従業の方と同じように必要経費になります。**

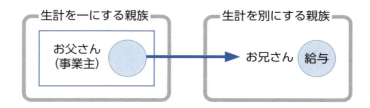

また、**生計を一にする方でも、特例として事業専従者に該当した場合は、給与を必要経費にすることができます。**そのため、適正に事業専従者として家族従業員の給与を必要経費にすることにより、事業所得を少なくすることができます。

また、所得の分散による節税効果も期待できます。

法 **法人の場合は、**事業主の給与と同様に、**生計を一にする親族であっても、原則としてその給与は損金となります。**

また、家族従業員の給与が年間103万円以下であれば、所得税において、世帯主などの配偶者控除や扶養控除の対象とすることができます。法人の場合は、所得税とは違って通常の従業員と同じ取扱いとなります。

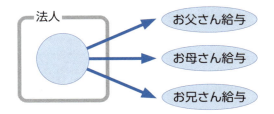

■ 法人の場合は家族従業員の給与も損金になる・・・・・・・・・・・・・・・・・・・・・

個 法人の場合、事業主と家族従業員に給与を支給することによって所得を分散することになります。そして、それぞれの給与から給与所得控除額が控除されることにより、課税対象となる所得が圧縮されます。
また、所得税の税率は超過累進税率のため、このように所得を分散することにより、税負担を低く抑えることが可能になります。

〈事業主（経営者）のみの場合〉

給与収入	給与所得控除額	給与所得の金額	（所得税負担）
10,000,000円	− 1,950,000円 =	8,050,000円	8,050,000円×23% − 636,000円 1,215,500円

〈給与を分散した場合〉

給与収入	給与所得控除額	給与所得の金額	（所得税負担）
5,000,000円	− 1,440,000円 =	3,560,000円	3,560,000円×20% − 427,500円 = 284,500円
給与収入 5,000,000円	− 1,440,000円 =	3,560,000円	3,560,000円×20% − 427,500円 = 284,500円
10,000,000円	− 2,880,000円 =	7,120,000円	569,000円

メリット・デメリット ―退職金―

退職金で節税する

法 事業主へ退職金を支払う場合には、法人成りをした後に支給した方が節税になるということをよく耳にしますが、法人成りをする前と後とでは、税務上の取扱いについて次のような違いがあります。

個 法人成りをする前の個人事業については、たとえ**事業主へ支払った退職金があったとしても、それは所得税では必要経費にはなりません。**

法 しかし、**法人成りをした後に支払った退職金については、**法人税の取扱いとなり、事業主が株主であっても役員としての役職について支払った退職金であれば、**原則損金として認められます。**

```
【個人】退 職 金              【法人】退 職 金
  （必要経費）                    （損　金）
事業主…✕　従業員…○        事業主…○　従業員…○
```

個 所得税では「個人事業主への退職金は必要経費にならない」ということは一般的に周知されていることなのですが、その理由はどういったことでそのような取扱いとされているのでしょうか。

個 所得税で認められている必要経費は、「事業所得の収入を得るために必要な経費」となります。つまり『事業主の退職』＝『個人事業の廃止』となり、事業活動がその時点で終了します。そのため、退職金の支払いは事業所得の収入を得るために必要な経費とはなりません。

```
事業主の退職　＝　個人事業の廃止（事業活動の終了）
```

個 必要経費として認められない理由が、『個人事業の廃止』ということなの
であれば、たとえば家族従業員が事業に参加しなくなったために退職し
た場合にはどうなるのか、という問題が生じます。この場合には、事業
は継続することになります。しかし、個人事業としての所得税の取扱い
では、家族従業員のうち、生計を一にする親族については、原則、給与は、
必要経費に算入することはできません。

この取扱いは、給与だけでなく、他にも対価とされるものは同様に必要
経費に算入することができませんので注意が必要です。支払家賃、支払
賃借料なども同様に必要経費には算入できません。

ただし、その生計を一にする親族が、専従者として事業主の営む事業に
専ら従事する場合には、専従者給与のみ必要経費の算入が認められます。
しかし、その事業専従者給与についても、退職金についてはやはり必要
経費としては認められません。

給与についても生計を一にする親族が、専従者でない場合には必要経費
の算入が認められていませんので、生計を一にする親族が専従者として
従事する期間のみ専従者としての給与が必要経費として認められる訳で
すから、退職金を支払った時点ではもう専従者ではありませんので、認
められない、ということになります。

法 しかし、法人成りをした後については、そこまでの制約はありません。
法人成り後は、法人税の取扱いとなるため、家族従業員であっても、役
員又は通常の従業員と同様に、給与・賞与・退職金は、原則、損金とな
ります。

では、次に生計を一にしない家族従業員への給与はどのようになるのか
を考察します。

個 生計を一にしない家族従業員は、所得税でも通常の従業員と同じ取扱い
になりますので、給与・賞与・退職金も必要経費に算入されます。

法 その場合には、法人税と同様の取扱いになります。

まずは、税率については所得税の超過累進税率（5％〜45％）に対して、法人税は一律税率（15％・23.2％）のため、基本的に所得の大小に関わらず、同じ税率により課税されます。

法 生計を一にする家族従業員、生計を一にしない家族従業員の取扱いの違いは上記のとおりとなります。

法人成りをした後に、退職金を支給すれば、その事業の法人税の計算上では、退職金は損金となりますので、法人税の節税になります。

では次に、退職金を支給した場合について考察します。

しかし、退職金を受け取った役員、家族従業員には、その退職金については所得税が課税されます。いったいどれくらいの節税が期待できるものなのでしょうか。

個 退職金は、所得税の計算上、老後の生活保障を担う収入として、基本的には税負担を $\frac{1}{2}$ に軽減する仕組みとなっています。そのため、たとえ高額な退職金の支給があったとしても、税負担は $\frac{1}{2}$ になるため、法人、個人を通じて、大きな節税効果が期待できます。

■ 個人事業では、退職金は必要経費とならない・・・・・・・・・・・・・・・・・・・・・・・

個 法人成り前の個人事業は、所得税（事業所得）の対象となります。

事業主、家族従業員への給与・退職金が必要経費として認められるかどうかの取扱いをまとめると、次のようになります。

	給 料	賞 与	退職金
事 業 主	ダメ：×	ダメ：×	ダメ：×
青色事業専従者	OK：○	OK：○	ダメ：×
生計別家族従業員	OK：○	OK：○	OK：○

なお、青色事業専従者に対する給料と賞与については、「青色事業専従者給与に関する届出書」に記載された金額の範囲内で支払われた金額が、必要経費に算入されますので注意が必要です。

税務署受付印

| | 1 | 1 | 2 | 0 |

青色事業専従者給与に関する ●届 出 書 / ●変更届出書

_____ 税務署長

_____年_____月_____日提出

納 税 地	●住所地・●居所地・●事業所等(該当するものを選択してください。) (〒　－　　) (TEL　－　　－　　)
上記以外の 住所地・ 事業所等	納税地以外に住所地・事業所等がある場合は記載します。 (〒　－　　) (TEL　－　　－　　)
フリガナ 氏　　名	生年月日　●大正 ●昭和 ●平成　年　月　日生 ●令和
職　　業	フリガナ 屋　号

_____年____月以後の青色事業専従者給与の支給に関しては次のとおり ●定 め た / ●変更することとした
ので届けます。

1 青色事業専従者給与（裏面の書き方をお読みください。）

	専従者の氏名	続柄	年齢 経験 年数	仕事の内容・ 従事の程度	資格等	給　　料		賞　　与		昇給の基準
						支給期	金額（月額）	支給期	支給の基準（金額）	
1			歳 年				円			
2										
3										

2 その他参考事項（他の職業の併有等）

3 変更理由（変更届出書を提出する場合、その理由を具体的に記載します。）

4 使用人の給与（この欄は、この届出（変更）書の提出日の現況で記載します。）

	使用人の氏名	性別	年齢 経験 年数	仕事の内容・ 従事の程度	資格等	給　　料		賞　　与		昇給の基準
						支給期	金額（月額）	支給期	支給の基準（金額）	
1			歳 年				円			
2										
3										
4										

※ 別に給与規程を定めているときは、その写しを添付してください。

関与税理士 （TEL　－　　－　　）	税務署整理欄	整 理 番 号	関係部門 連絡	A	B	C
		0				
		通 信 日 付 印 の 年 月 日	確 認			
		年　月　日				

■ 法人では、退職金は損金となる・・・・・・・・・・・・・・・・・・・・・・・・・・・・

法 法人成り後は、給与関係の取扱いは法人税の対象となります。

役員、家族従業員への給与・退職金が損金として認められるかどうかの取扱いをまとめると、次のようになります。

	給 料	賞 与	退職金
役　　員	OK：○	OK：△	OK：○
生計一家族従業員	OK：○	OK：○	OK：○
生計別家族従業員	OK：○	OK：○	OK：○

なお、法人税法上、役員に対する給料、賞与、退職金については、定期同額給与、事前確定届出給与、不相当に高額な給与などの取扱いがありますので注意が必要です。

◉ 定期同額給与

定期同額給与とは、法人が役員に支給する給与で、次に掲げる給与です。通常は役員報酬が該当します。

(1)	その支給時期が1ヶ月以下の一定の期間ごとである給与（定期給与）で、その事業年度の各支給時期における支給額が同額であるもの
(2)	定期給与の額につき、次に掲げる給与改定がされた場合におけるその事業年度開始の日又は給与改定前の最後の支給時期の翌日から給与改定後の最初の支給時期の前日又はその事業年度終了の日までの間の各支給時期における支給額が同額であるもの **[給与改定]** イ　その事業年度開始の日の属する会計期間開始の日から3ヶ月を経過する日までに継続して毎年所定の時期にされる定期給与の額の改定。ただし、その3ヶ月を経過する日後にされることについて特別の事情があると認められる場合にはその改定の時期にされたもの

(2)	ロ	その事業年度においてその法人の役員の職制上の地位の変更、その役員の職務の内容の重大な変更その他これらに類するやむを得ない事情（臨時改定事由）によりさ容の重大な変更その他これらに類するやむを得ない事情（臨時改定事由）によりされたその役員に係る定期給与の額の改定（イに掲げる改定を除きます。）
	ハ	その事業年度においてその法人の経営状況が著しく悪化したことその他これに類する理由（業績悪化改定事由）によりされた定期給与の額の改定（その定期給与の額を減額した改定に限られ、イ及びロに掲げる改定を除きます。）
(3)		継続的に供与される経済的利益のうち、その供与される利益の額が毎月おおむね一定であるもの

● 事前確定届出給与

　事前確定届出給与とは、法人が役員の職務につき所定の時期に確定額を支給する旨の定め（事前確定届出給与に関する定め）に基づいて支給する給与（定期同額給与に該当するすものを除きます。）で、届出期限までに納税地の所轄税務署長にその事前確定届出給与に関する定めの内容に関する届出（事前確定届出給与の届出書）をしているものです。通常は、役員賞与や年俸制の役員報酬が該当します。

　「事前確定届出給与の届出書」の届出期限は、次の(1)又は(2)のうちいずれか早い日（新設法人がその役員のその設立の時に開始する職務についてその定めをした場合にはその設立の日以後2ヶ月を経過する日。）となります。

(1)	株主総会、社員総会又はこれらに準ずるもの（株主総会等）の決議によりその定めをした場合におけるその決議をした日（その決議をした日が職務の執行を開始する日後である場合にはその開始する日）から1ヶ月を経過する日
(2)	その会計期間開始の日から4ヶ月を経過する日

■ 退職所得の税負担は $\frac{1}{2}$ ・・・・・・・・・・・・・・・・・・・・・・・・・・

個 所得税法上の税額計算をする上での退職所得の計算は、次の算式により
計算します。

(1) 退職所得の金額

> （収入金額－退職所得控除額）× $\frac{1}{2}$ ＝退職所得の金額

◉ 役員等勤続年数が５年以下である人が退職をした場合

役員等勤続年数が５年以下である人が支払いを受ける退職金のうち、その役員等勤
続年数に対応する退職金として支払を受けるものについては、$\frac{1}{2}$はしませんので注意
が必要です。（15頁参照）

◉ 短期退職手当等の「退職所得の $\frac{1}{2}$ 課税」の適用除外

勤続年数５年以下の法人役員等以外の退職金については、退職所得控除額を控除し
た残額の300万円を超える部分について、$\frac{1}{2}$課税が適用されません。

役員等勤続年数

退職手当等に係る勤続期間のうち、役員等として勤務した期間の年数をいいます。
なお、その期間について１年未満の端数がある場合は、その端数を１年に切り上げます。

---

(2) 退職所得控除額

退職所得控除額の計算は勤続年数が20年以内か、20年を超えるかによって、
次のように計算方法が変わります。

勤続年数	退職所得控除額
20 年以内	40 万円×勤続年数 （80 万円に満たない場合は、80 万円）
20 年超	800 万円＋70 万円×（勤続年数－20 年）

● 障害者になったことが直接の原因で退職した場合

退職所得控除額は、上記の方法により計算した額に、100万円を加えた金額となります。

(3) 勤続年数

個 退職所得控除額を計算する際の勤続年数は、入社日から退職日までの期間により計算し、1 年未満の端数が生じた場合は 1 年として計算します。

■ 法人成りした場合の退職金 ・・・・・・・・・・・・・・・・・・・・・・・・・・・・・・

法 法人成りをした後で支払う退職金についての退職所得控除額の計算で使用する勤続年数についての留意点としては、元事業主、元青色事業専従者、その他の従業員など、それぞれの立場によって期間が変わることがあげられます。

(1) 元事業主への退職金

元事業主への退職金については、個人事業の期間を含めて計算することはできません。退職所得の計算上の勤続年数も個人事業の期間を含めることはできません。

(2) 元青色事業専従者への退職金

　元青色事業専従者への退職金については、元事業主と同様に、個人事業の期間を含めて計算することはできません。退職所得の計算上の勤続年数も個人事業の期間を含めることはできません。

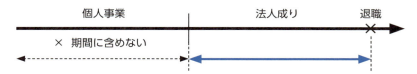

(3) その他の従業員への退職金

　個人事業の時代から引き続き勤務している従業員が、法人成りをした後に退職した場合の退職金にいては、個人事業の期間を含めて計算することができます。

　このとき、特に注意しておくべき点としては、退職金の計算の基礎となる退職給与規程等において、個人事業の期間を含める旨が明記されている必要があるという点です。
　個人事業の期間を含めて退職金の計算がされている場合は、退職所得の計算上の勤続年数も個人事業の期間を含めて計算します。

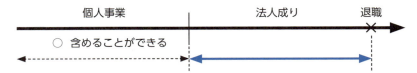

5 メリット・デメリット ―生命保険―

生命保険の使い方、活用例

　会社では、法人契約で役員の生命保険に加入することがありますが、個人事業で、事業主の生命保険に加入した場合における所得税法上の取扱いとして、まず、個人事業の場合、生命保険の契約者は、事業主本人の個人契約になります。

　法人は、生命保険の契約者になることができますが、個人事業は事業そのものが法人格を持っていないので、契約者になることはできません。

　そのため、個人事業の場合は、保険契約のすべてが個人契約になります。

```
        個人事業                       会　社

   ┌──────────────┐         ┌──────────────┐
   │ 【個人】      │         │ 【法人】      │
   │ 対象者：個人  │         │ 対象者：個人  │
   │ 契約人：個人  │         │ 契約人：法人  │
   └──────────────┘         └──────────────┘
```

個 ▶ **個人事業の場合、**契約はすべて個人名義ですることになりますので、その支払保険料は事業所得の計算上、**必要経費に算入できるものはありません。**

個 ▶ 生命保険の支払保険料は、事業所得を得るために必要な経費であるとは考えられないためです。

　あくまでも、事業主の万が一のための備えとしての保険であり、支払保険料は生活費の一部と考えます。

　事業所得の計算上、必要経費にはなりませんが、そのかわり、**所得税の確定申告の際には、所得控除の一つである『生命保険料控除』の対象となります。**

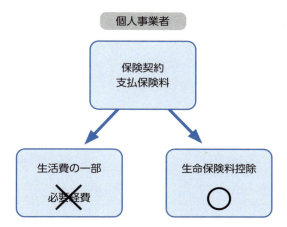

法 法人の場合は、生命保険の支払保険料は、すべて損金となるというわけではありませんので、注意が必要です。

法人契約の生命保険は、**法人の福利厚生の一環として契約したものなのであれば損金性は認められます。**

しかし、保険契約には、様々な契約内容がありますので、一律して保険料の全額が損金になるとは限りません。

掛捨ての要素が高い保険は全額損金となり、**満期保険金が支給される保険のように貯蓄性のある保険は、支払保険料の一部が損金となるものが多いようです。**

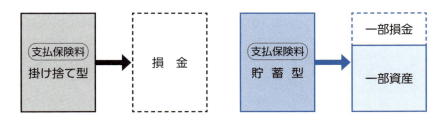

■ **個人事業の生命保険は所得控除の対象となる**

個 個人契約の生命保険の支払保険料は、生命保険料控除の対象となりますが、その控除額は次のように計算されます。

(1) 新契約に基づく場合の控除額

平成24年1月1日以後に締結した保険契約等に基づく新生命保険料、介護医療保険料、新個人年金保険料の控除額は、それぞれ次の表の計算式に当てはめて計算した金額となります。

年間の支払保険料等	控除額
20,000 円以下	支払保険料等の全額
20,000 円超　40,000 円以下	支払保険料等 $\times \dfrac{1}{2} + 10,000$ 円
40,000 円超　80,000 円以下	支払保険料等 $\times \dfrac{1}{4} + 20,000$ 円
80,000 円超	一律 40,000 円

(2) 旧契約に基づく場合の控除額

平成23年12月31日以前に締結した保険契約等に基づく旧生命保険料と旧個人年金保険料の控除額は、それぞれ次の表の計算式に当てはめて計算した金額となります。

年間の支払保険料等	控除額
25,000 円以下	支払保険料等の全額
25,000 円超　50,000 円以下	支払保険料等 $\times \dfrac{1}{2} + 12,500$ 円
50,000 円超　100,000 円以下	支払保険料等 $\times \dfrac{1}{4} + 25,000$ 円
100,000 円超	一律 50,000 円

(3) 新契約と旧契約の双方に加入している場合の控除額

上記(1)新契約と上記(2)旧契約の双方に加入している場合の新（旧）生命保険料または新（旧）個人年金保険料は、生命保険料又は個人年金保険料の別に、次のいずれかを選択して控除額を計算することができます。

適用する生命保険料控除	控除額
新契約のみ生命保険料控除を適用	(1)に基づき算定した控除額
旧契約のみ生命保険料控除を適用	(2)に基づき算定した控除額
新契約と旧契約の双方について生命保険料控除を適用	(1)に基づき算定した新契約の控除額と(2)に基づき算定した旧契約の控除額の合計額（最高4万円）

(4) 生命保険料控除額

　上記(1)〜(3)による各控除額の合計額が生命保険料控除額となります。なお、この合計額が12万円を超える場合には、生命保険料控除額は12万円となります。

■ **所得税・生命保険料控除には上限がある**・・・・・・・・・・・・・・・・・・・・・・・・・・・・・

個▶ 所得税での生命保険料控除は「一般生命保険」「介護保険」「個人年金」の3区分があり、それぞれに控除限度額があります。
この控除限度額を、最大限に活用することにより最大12万円の生命保険料控除の適用を受けることができます。

節税のつもりで、生命保険に加入する場合には、バランスよく生命保険の加入をしないと、同額の保険料を支払っていても控除額の違いが生じますので注意が必要です。

■ **法人税・損金となる生命保険料のルール**・・・・・・・・・・・・・・・・・・・・・・・・・・・・・

法▶ 法人が契約者となり、役員又は従業員を被保険者とする生命保険に加入した場合の法人税法上の取扱いは、それぞれ加入する保険契約によって異なります。

(1) 定期保険の取扱い

定期保険は、一定期間内における被保険者である対象者の死亡を保険事故として保険料を支払う生命保険をいいます。

法人が、自己を契約者として、役員又は使用人を被保険者とする定期保険に加入してその保険料を支払った場合には、その支払った保険料の額については、次に掲げる区分に応じそれぞれ次のように取り扱います。

①	死亡保険金の受取人が法人である場合	その支払った保険料の額は、期間の経過に応じて損金の額に算入します。
②	死亡保険金の受取人が被保険者の遺族である場合	その支払った保険料の額は、期間の経過に応じて損金の額に算入します。ただし、役員又は部課長その他特定の使用人やその親族のみを被保険者としている場合には、その保険料の額は、役員等に対する給与となります。

(2) 養老保険の取扱い

養老保険は、被保険者の死亡又は生存を保険事故として保険料を支払う生命保険です。法人が、自己を契約者とし、役員又は使用人を被保険者とする養老保険に加入してその保険料を支払った場合には、その支払った保険料の額については、次に掲げる場合の区分に応じそれぞれ次のように取り扱います。

①	死亡保険金及び生存保険金の受取人が法人である場合	その支払った保険料の額は、保険事故の発生又は保険契約の解除若しくは失効によりその保険契約が終了する時まで資産として計上します。
②	死亡保険金及び生存保険金の受取人が被保険者又はその遺族である場合	その支払った保険料の額は、役員等に対する給与となります。
③	死亡保険金の受取人が被保険者の遺族、生存保険金の受取人が法人である場合	その支払った保険料の額のうち、その$\frac{1}{2}$に相当する金額は①により資産に計上し、残額は期間の経過に応じて損金の額に算入します。 ただし、役員又は部課長その他特定の使用人やその親族のみを被保険者としている場合には、その残額は役員等に対する給与となります。

ただし、役員又は部課長その他特定の使用人やその親族のみを被保険者としている場合には、その残額は役員等に対する給与となります。

法 法人契約の生命保険は退職金の財源として活用する方法があります。

例えば、法人が契約者、役員を被保険者として生命保険に加入した場合、役員が亡くなられた場合、死亡保険金は契約者であり、保険料の支払者である法人に支給されます。その死亡保険金を、役員の退職金の財源とします。

この場合、保険金と退職金の法人税上の計算は、トントンとなります。

法 つまり、死亡保険金の場合は、受取った保険金は法人の益金になります。そして、支払った退職金は損金となります。

保険金と退職金が同額であれば、益金と損金が同額のため、法人税の課税は生じません。

損益計算

退職金 (損金)	保険金 (益金)

生存中に退職する場合の退職金の財源として活用する場合の注意点は次のとおりです。

法 満期保険金又は解約返戻金を、役員退職金の財源とする場合、その対象者の退職の時期が生命保険の満期又は解約の時期と同時期になるように合わせないといけません。

満期又は解約の時期が、対象者の退職の時期より早い場合は、保険金又は解約返戻金が益金となり法人税の課税対象となるため、税負担分、退職金の財源が減少してしまいます。

生命保険の契約内容、契約期間、解約返戻率、経営状態や役員の勇退のタイミングなど、すべてを加味しないと、うまく活用することは難しいものとなります。

第2章 個人から会社へ

■ **死亡保険金の活用例**••

　法人が、役員を被保険者とする定期保険に加入します。

　役員が死亡した場合、役員の遺族に支給する退職金の財源として、生命保険を活用します。

　法人が支払った保険料は、法人の全額損金となります。

　法人は、役員が死亡を保険事故とする保険金を受取り（益金算入）、その保険金を財源として、役員の遺族に対して退職金（損金算入）を支払います。

　つまり、保険料を支払った事業年度については、その支払った保険料は損金となりますので、その分節税効果があります。将来において保険事故が発生した事業年度については受け取った保険金の益金と支払った退職金の損金とが加算減算される結果となりますので、その事業年度については課税関係は生じないこととなります。本来であれば退職金給付時に退職金として一時の損金として認識されるべきタイミングの経費が保険契約を活用することによって、前倒しのタイミングによる期間分の損金として、更にはその損金の額を平準化して計上しておくことが可能となります。

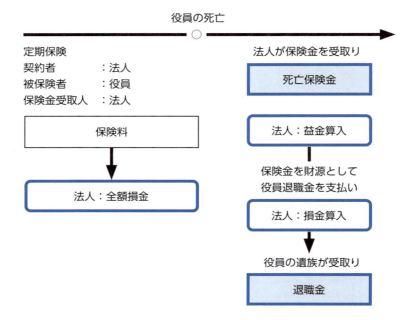

■ 解約返戻金の活用例・・・

　法人が、役員を被保険者とする養老保険に加入します。
　役員の退職時期に合わせて、養老保険を解約し、その解約返戻金を退職金の財源として、生命保険を活用します。
　法人が支払った保険料は、保険金積立金として資産計上します。
　法人は、解約返戻金を受け取り（解約返戻金－保険積立金＝益金算入）、その保険金を財源として、役員に対して退職金（損金算入）を支払います。

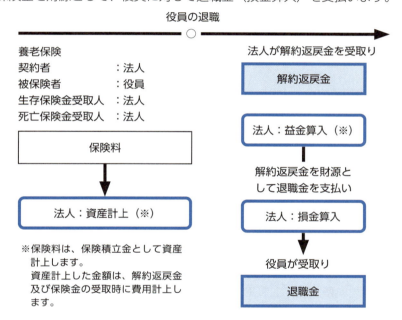

※保険料は、保険積立金として資産計上します。
　資産計上した金額は、解約返戻金及び保険金の受取時に費用計上します。

生命保険契約の変更

個人で契約した生命保険を、法人に契約変更した場合の法人税の取扱いについて触れておきます。

法 生命保険を**個人契約から法人契約へ変更した場合は**、保険契約上の全ての権利を**法人が個人から解約払戻金相当額で買い取る**ことになります。解約払戻金相当額を、一般的には「保険料積立金」として資産計上します。たとえば、契約変更時の解約返戻金相当額が100万円の場合は次のような仕訳で引き受けることとなります。

（保険料積立金）1,000,000 円　　（現金預金）1,000,000 円

法 ここで、**法人が解約返戻金相当額の支払いをせずに、無償で変更をした場合**どうなるかというと、無償で変更するということは、本来、支払うべき解約返戻金相当額の支払いをせずに、個人の生命保険契約の権利を無償で取得することになりますので、解約返戻金相当額の受贈益を得たこととして処理をすることになります。科目としては上記の現金預金の代わりに**雑収入で処理する**こととなります。

（保険料積立金）1,000,000 円　　（雑収入）1,000,000 円

契約変更時に無償で処理をする場合には、法人側では雑収入として法人税が課税されることとなりますので、注意が必要です。

生命保険料として支払った金額について、個人契約であれば、その**個人の所得税の計算では生命保険料控除の対象となります**が、その控除額には**限度額があります。法人契約に変更すれば、その支払保険料は法人の損金に計上することができます**ので、法人契約として生命保険料を支払うほうが有利ではないかとよく言われています。

法 しかし、法人契約であっても、保険料の全額が損金にならないものや養老保険などのように保険料の一部が損金にならないものもありますので、**必ず法人契約に変更することが節税になるとは限りません。**また、解約時や保険金を収受する際には、収受した金額のうち既に資産計上した保険料以外の部分の金額は、基本的に益金として課税されますので注意が必要です。

よく見受けられるのが、役員の退職金として妥当な金額とかけ離れた多額の生命保険金の受取契約です。実際に保険事故が発生したときに、益金となる保険金と損金となる退職金とで相殺処理ができると説明されているのでしょうが、法人税では多額の退職金について不相当に高額な部分の金額として認定された金額は、そもそも損金として認められませんので、予期せぬ法人税を支払うことにもなりかねません。そうなってしまわないように、節税になると思い込んで、契約をやたらと変更してしまわないように注意しなければなりません。

個 あと、個人契約の生命保険を法人契約に変更し、解約返戻金相当額の金銭を法人から受け取った場合は、その収入は個人の所得税の一時所得として課税されますので注意が必要です。

その場合の一時所得の計算は次のように計算されます。

個 法人からの収入が一時所得の総収入金額となり、既に支払った保険料の合計額を控除して一時所得を計算します。

たとえば、契約変更時の解約返戻金相当額が100万円で、既支払保険料合計額80万円の場合には、次のような計算になります。

	総収入金額		既支払保険料		特別控除額		一時所得
(	1,000,000円	−	800,000円	) −	500,000円	=	0円

6 メリット・デメリット ──消費税──

消費税が2年間免税になる、ということをよく耳にします

消 会社設立時のメリットとして、「**会社を設立してから2年間は消費税が免税になるから節税になる。**」ということをよく耳にします。これは本当にメリットになって節税になるのでしょうか。またそのことで節税になる具体的な金額や注意点について考えてみたいと思います。

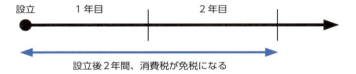

まずは直近の売上げがどういう具合に推移する予定なのかは、ちゃんと考えるようにしなければいけません。

上半期の売上げが1千万円を大きく超える会社については、利益が出るからといって、役員給与を多額に設定してしまうと思わぬ落とし穴が待っています。

平成23年9月の消費税改正により、平成25年1月1日以降に開始する事業年度から上半期の売上げが1千万円を超え、かつ給与の総額が1千万円を超える会社については、通常は翌々事業年度から課税事業者になるところが、1年前倒しの翌事業年度から消費税の課税事業者になります。消費税は2年間免税だと思い込んでいて、最初から多額の役員給与を設定してしまうと節税どころではなくなる危険性があります。

なお、令和5年10月からインボイス制度が導入されますので、インボイスの影響で課税事業者を選択するタイミングなども判断していかなければなりません。

まずは、会社設立時に決めた資本金の額により、会社と消費税の関係について、免税事業者として出発するのか、課税事業者として出発するの

かが決まります。

これは実務的に崩した表現ですので、まずはそれぞれの規定をしっかりと理解しておきましょう。

ポイント

① 設立時の資本金が１千万円以上であるときは、課税事業者となる。

② 設立時の資本金が１千万円未満であるときは、免税事業者となる。

③ 免税事業者である課税期間中の売上高が１千万円を超えた場合には、翌々事業年度から課税事業者となる。

④ 免税事業者である課税期間中の上半期の業績について、売上高が１千万円を超え、かつ給与等支払額の合計額が１千万円を超える場合には、翌事業年度から課税事業者となる。

⑤ 免税事業者となる課税期間であっても、事前に課税事業者選択届出書を提出すれば課税事業者となることができる。

■ 資本金の額は任意に決められる・・・・・・・・・・・・・・・・・・・・・・・・・・・・・・・

法 設立時の資本金が１千万円以上なのか、１千万円未満なのかについては、資本金の額だけで判断されます。つまり株主からの出資金がたとえ１千万円あったとしても、その金額のうち$\frac{1}{2}$までの金額は資本金に組み入れないことができますので、資本金は900万円だけ組み入れて、残りの100万円は資本準備金として処理をしておくこともできます。

消 これらの金額のバランスについては、$\frac{1}{2}$ルールの基に自由に決められますので、消費税については、免税事業者として会社を出発させたければ、資本金に組み入れる金額を１千万円未満にしておく必要があります。

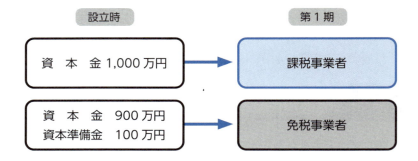

■ **免税事業者の売上高が1千万円を超えた場合**

消 免税事業者の売上高が1千万円を超えた場合には、その翌々事業年度の課税期間については課税事業者となります。

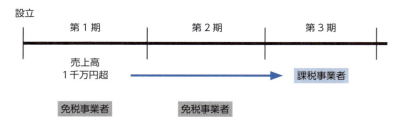

■ **課税期間ごとに判定する**

消 消費税の課税事業者の判定は、課税期間ごとに行われます。つまり、設立第1期目の事業年度の期間がたとえ1年未満であっても、その期間における売上高を年換算した売上高が1千万円を超えることとなった場合には、翌々事業年度から消費税の課税事業者となります。

設立第1期目の事業年度が1ヶ月だった場合において、その期間の売上高が100万円であった場合には100万円×$\frac{12}{1}$＝1,200万円となり、年換算した売上高は1千万円を超えることとなりますので、第3期目の事業年度から課税事業者となります。

つまり、そのようなケースだと、実際には設立後13ヶ月を過ぎた日から消費税の課税事業者となりますので注意が必要です。

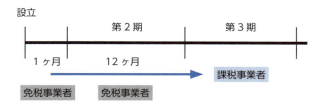

■ 基準期間の課税売上高

消 消費税の課税事業者となるかどうかの判定は、基準期間の課税売上高が1千万円を超えるかどうかで判定されます。基準期間は個人事業者の場合は前々年の課税売上高のことをいい、法人の場合は前々事業年度の課税売上高のことをいいます。

基準期間が課税事業者であるときには、課税売上高は消費税抜きの金額で判定されますが、**免税事業者であるときには、税抜きにはしませんので注意が必要**です。

基準期間	課税売上高	
課税事業者	税抜きにする	売上高 × $\dfrac{100}{110 \text{ 又は } 108}$
免税事業者	そのまま	売上高

■ 設立後6ヶ月間の売上高が1千万円を超えた場合

消 設立後6ヶ月間の売上高が1千万円を超え、かつ給与等支払額の合計額が1千万円を超える場合には、設立第3期からではなく、翌事業年度である第2期目から消費税の課税事業者となります。

このとき第3期については、その基準期間である第1期の課税売上高は1千万円を超えていますので、もちろん課税事業者となります。

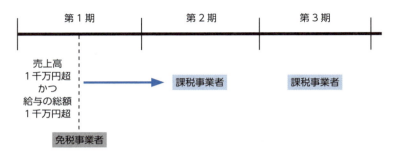

■ **課税事業者選択届出書の提出**・・・・・・・・・・・・・・・・・・・・・・・・・・・

消 免税事業者が課税事業者になることを選択する場合には、**適用を受けようとする課税期間の初日の前日まで**（適用を受けようとする課税期間が事業を開始した日の属する課税期間である場合には、その課税期間中）に『課税事業者選択届出書』を届け出ます。

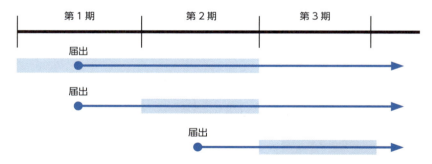

■ **インボイス（適格請求書）制度**・・・・・・・・・・・・・・・・・・・・・・・・・

消 消費税の納付額の計算は、「売上げに係る消費税」から「仕入れに係る消費税」を差し引きます。インボイス制度が施行されると、消費税の納付額の計算をするときの「仕入れに係る消費税」については、「適格請求書

発行事業者」が交付する「適格請求書（インボイス)」がなければ仕入税額控除が認められないようになります。インボイス制度は令和5年10月1日から施行されることとなっています。

■ **適格請求書発行事業者と仕入税額控除**・・・・・・・・・・・・・・・・・・・・・・・・・・・・・

消　当社が消費税の課税事業者である場合には、**経費を支払った相手先が適格請求書発行事業者でなければ、**その経費は消費税の仕入税額控除が認められない経費となるため、**結果的に消費税の税負担額が増える**こととなります。適格請求書発行事業者は、その登録の際に課税事業者であることが前提となりますので、仮に当社が**免税事業者である場合には、**適格請求書発行事業者でないこととなりますので、当社に対して支払った経費については、**その相手先において仕入税額控除が認められない経費**となってしまいます。

■ **個人から法人への推移と消費税**・・・・・・・・・・・・・・・・・・・・・・・・・・・・・・・・・

消　個人事業者としての事業について、課税事業者として毎年消費税が課されていたとしても、法人成りをした場合には、会社側の消費税は新しくゼロからカウントをすることになります。

一連の流れとしては、法律上はあくまでも個人と法人は別人格として認識されますので、個人事業者としての今までの事業は法律上、廃業をしたこととなり、会社の設立に関しては、新たに法人を設立して新しい事業を開始した、ということになります。

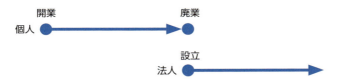

■ 個人事業者としての廃業届け・・・・・・・・・・・・・・・・・・・・・・・・・・・・・・・

個▶ 個人事業を廃業するときには、「事業廃止届出書（第6号様式）」を納税地の所轄税務署長へ提出します。参考事項には「法人成りによる個人事業の廃止」と書いておけばよいでしょう。

> なお、事業廃止により、
> 「消費税課税事業者選択不適用届出書（第2号様式）」、
> 「消費税課税期間特例選択不適用届出書（第14号様式）」、
> 「消費税簡易課税制度選択不適用届出書（第25号様式）」、
> 「任意の中間申告書を提出することの取りやめ届出書（第26 −(3)号様式）」
> にその旨を記載して提出した場合には、この届出書は提出する必要はありません。

第6号様式

事　業　廃　止　届　出　書

収受印			
令和　　年　　月　　日	届出者	（フリガナ） 納　税　地	（〒　　－　　　） （電話番号　　　－　　　－　　　）
		（フリガナ） 氏　名　又　は 名　称　及　び 代　表　者　氏　名	
＿＿＿＿＿税務署長殿		個　人　番　号 又　は 法　人　番　号	↓　個人番号の記載に当たっては、左端を空欄とし、ここから記載してください。

　下記のとおり、事業を廃止したので、消費税法第57条第1項第3号の規定により届出します。

事 業 廃 止 年 月 日	令和　　　　年　　　　月　　　　日
納 税 義 務 者 と な っ た 年 月 日	平成 令和　　　年　　　月　　　日
参　　考　　事　　項	
税 理 士 署 名	（電話番号　　　－　　　－　　　）

※ 税務署処理欄	整理番号		部門番号		
	届出年月日	年　　月　　日	入力処理	年　　月　　日	台帳整理　　年　　月　　日
	番号 確認		身元 確認	□ 済 □ 未済	確認 書類　個人番号カード／通知カード・運転免許証 その他（　　　　　　　　）

注意　1．裏面の記載要領等に留意の上、記載してください。
　　　2．税務署処理欄は、記載しないでください。

7 メリット・デメリット ──均等割──

法人住民税の均等割は個人住民税の10倍以上

会社の税金として、特徴的なもののなかに、法人住民税の「均等割額」というものがあります。

個 住民税の均等割額については、個人であっても住民税として課税されていますが、その金額は僅少なので、あまり負担感を感じさせない税金です。因みに平成26年からの住民税均等割額は、標準税率で市町村民税が3,500円、道府県民税が1,500円となりました。

個人の住民税均等割額	
市町村民税	3,500 円
道府県民税	1,500 円
合　　計	5,000 円

個 平成26年から市町村民税と道府県民税を合わせて1,000円増税されていますが、その事実であったり、それどころか個人住民税の中にもそういった均等割額というものが含まれていることを認識している人は実は少ないのではないでしょうか。

法 一方、**法人が負担する均等割額は**資本金などその法人の規模に応じて段階的に課税されているのですが、最低でも道府県民税20,000円と市町村民税50,000円を合わせると70,000円が課税されます。
均等割額の負担は地方自治体により様々ですが、資本金等の額や従業員の数など、その法人の規模によって金額が決まります。

これらは**その事業年度の業績がたとえ赤字であっても負担しなければならない税金**ですから、法人成りをするときのリスクとしては必ず知っておきたい知識でもあります。

法人の住民税均等割額	
市町村民税	50,000 円〜 3,000,000 円
道府県民税	20,000 円〜 800,000 円
合　　計	70,000 円〜 3,800,000 円

※上記の金額は大阪府大阪市の場合、東京都は都民税として市町村民税と道府県民税相当額が合算されて課税されている。

個 **法** 個人の住民税は、営んでいる事業活動について納税義務が生じるものではありませんので、法人に課せられる住民税はむしろ、法人成りをした場合に追加として加算される税金といってもよいのではないかと思います。法人から支払われる報酬や給与については、個人でも住民税は徴収されますので、同じ事業について、個人事業が法人事業に変化しただけだと考えれば、同じ事業で稼いだ儲けであるにも関わらず、個人がその取り分を手にするまでに、法人と個人とでそれぞれ二重に課税されているようにも思えます。

法 法律的には法人は別人格として権利や義務が課せられていますので、そういった考え方でいけば腑に落ちない部分でもあります。
儲けに対して課税される法人割額だけならまだしも、赤字であっても必要となるこの均等割は、個人住民税と比べてもかなりお高い税金であると思います。

法 **個人事業から法人事業へ法人成りをする場合には、必ず増える税負担額**になりますので、それなりの覚悟をしておかなければいけない項目となります。

● 道府県民税と市町村民税

(年額)

資本金	道府県民税 均等割額	市町村民税 均等割額
50億円超	80万円	41万円（300万円）
10億円超　50億円以下	54万円	41万円（175万円）
1億円超　10億円以下	13万円	16万円　（40万円）
1千万円超1億円以下	5万円	13万円　（15万円）
1千万円以下	2万円	5万円　（12万円）

※上記の市町村民税均等割額の金額は大阪府大阪市の場合。東京都は都民税として市町村民税と道府県民税相当額が合算されて課税される。
※上記の表の市町村民税均等割額のカッコ書きの金額は、市町村内の従業員が50人超の場合の金額です。

8 メリット・デメリット ——欠損金——

会社は欠損金の繰越控除期間が長い

個 **法** 法人成りをしたときのメリットとして、青色欠損金の繰越期間の違いがあります。**個人事業者の場合は青色欠損金の繰越しは3年まで**となっていますが、**法人の場合には現行税制では、10年**となっています。平成30年3月31日以前に開始する事業年度までは9年でした。

```
┌──────────────────┐      ┌──────────────────┐
│  個  人  │       │      │  法  人  │       │
│ 青色欠損金 │ 3年 │      │ 青色欠損金 │10年 │
└──────────────────┘      └──────────────────┘
```

個 個人事業者については、純損失の繰越控除の期間は3年のままで、延長されていません。個人事業者については、従来から記帳習慣が乏しい点が問題となっており、そのため、記帳習慣が確立した青色申告者には、青色申告の特典が用意されています。

まだまだ記帳習慣が確立していない状態のため、純損失の信憑性が低いと考えられ、繰越控除の期間も3年のままとなっていると考えられます。法人税における欠損金の繰越控除について簡単に説明します。

■ 事業年度単位課税の特例 ・・・・・・・・・・・・・・・・・・・・・・・・・・・・・・・・

　税金の期間的な課税単位は、事業年度単位課税を原則としています。これは1事業年度において生じた各期間の利益については、それぞれの期間ごとに課税をしようとするものです。

■ 事業年度単位課税の計算

　例えば、仮に法人税の税率を30％として計算します。

　１年目において、利益が600円あれば、それに対する法人税は、600円×30％＝180円　となります。

　２年目において、1,000円の赤字となれば、それに対する法人税はありません。

　そして３年目において、利益が400円あれば、それに対する法人税は、400円×30％＝120円　となります。

　この考え方が、事業年度単位課税となります。

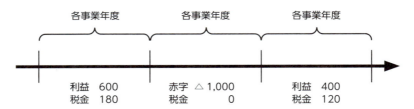

■ 儲けよりも多くなる税金の負担

　しかし、赤字となった事業年度についても上記のように、各事業年度で課税単位を区切ってしまうと、結果的に納税者に不利益を与える結果となってしまうことがあります。

　この場合、１年ごとに利益を計算して、それぞれに対応する税金を計算すると、一見、理にかなっているようにも見えますが、３年という期間の単位で区切って計算をしてみると、利益がないのに税金が徴収されていることになります。

1年目から3年目までの利益は結局0円であるにも関わらず、法人税は300円も課税されます。

1年目：利　益	600円	法人税	180円
＋			＋
2年目：欠損金	△1,000円	法人税	0円
＋			＋
3年目：利　益	400円	法人税	120円
合　計：利　益	0円	法人税	300円

■ 青色申告の特典

法 法人税では、原則として事業年度単位課税がルールとなりますので、このように赤字となった事業年度があったとしても、その欠損金は切り捨てられることとなります。

しかし、青色申告の特典として、欠損事業年度に青色申告書により申告をしている法人や、青色申告をしていなくても、その欠損金が災害により生じたものである場合には、それらの欠損金はその事業年度以降の所得金額と相殺することができる制度を用意しています。

■ スパンの長さは最大のメリット

法 以前は、欠損金の繰越控除期間は5年とされていました。しかし、平成16年度の税制改正においてその期間は7年に、そして平成23年度の税制改正で9年に、更に平成30年度の税制改正において10年へと延長されました。

会社経営をしていくうえで、景気や情勢に左右されることは避けては通れないリスクであるといえます。

会社を設立して事業を開始したとしても、その事業がうまく軌道に乗り出すにも速くとも3年～5年の年月を費やすことはよくあります。

個 そういった日本の企業を支えるために金融政策や、創業支援制度も様々なものがあります。最初の事業年度で生じた欠損金や、景気に左右され生じた損失などを取り戻すのには、やはり3年という周期では短すぎるように感じます。

法 法人税の現行税制においては10年のスパン（欠損金が生じた事業年度を含めれば11年）で経営を考える事ができますので、そういった面では、3年という周期で損失が切り捨てられてしまう**個人事業とは比べものにならない長いスパンでのリスク回避ができる制度**となっています。

▼ 法人の青色欠損金や災害損失金は翌事業年度から10年間というスパンで取り戻すことができる

▼ 個人の青色欠損金や被災事業用資産の損失の金額に相当する金額は翌事業年度から3年間のスパンしかない

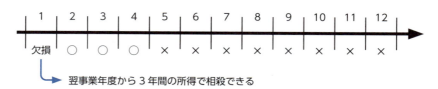

9 メリット・デメリット ─交際費─

所得税・個人的経費か事業活動費か

交際費についての取扱いは、法人税と所得税とでは大きく違いがありますが、どのような考え方によって違いがあるのかを考えてみたいと思います。

個　人
交際費の支出
制限なし

法　人
交際費の支出
制限あり

個▶ 個人事業としての交際費のあり方については、**所得税では無制限に経費として認められる**こととなっていますが、注意点としては、個人的経費の支出に該当するのか、それとも事業活動に必要な支出であったのか、ということが焦点となります。

盆暮れのお中元やお歳暮についても、子どもの関係でお世話になった方へ贈ったものなどはもちろん経費にすることはできません。

個▶ 個人事業者にとっては、「交際費は全部経費にできる」というふうに考えがちですので、個人的な支出と事業関連経費との棲み分けも難しそうですが、事業関連費用との線引きは明確にしておかないと、なんでもかんでも経費に入れてしまうミスをしがちです。

個▶ これらは、交際費の支出に限ったことではないのですが、その支出が、事業関連経費なのか、それとも個人的経費なのかを経営者が自ら判断するだけでは間違いが起こりやすい論点でもあります。

★ **交際費と混同されやすい個人的な支出**

| 代表者の結婚披露宴に要した費用 | 家族が同行した出張旅費 | 代表者友人との私的なゴルフ費用や遊興費 |

法▶ 個人事業者であれば、これらの支出を必要経費に算入していても、その経費が認められないだけで済みますが、法人で同じように個人的な支出を会社の経費に入れていると、違った規定にひっかかり、思わぬペナルティーが課せられることがあります。

それは役員賞与です。

法▶ 税務調査などで指摘され発覚したときに、その支出額を役員が会社に返還するのであれば、貸付金として扱われますので、その経費が否認されるだけで済みますが、**役員賞与として認定されてしまうと、その役員賞与についての源泉所得税も追徴課税の対象**となってしまいます。

毎月同じ金額の個人的支出額がある場合には、それは報酬（定期同額給与）とみなされますので、逆に経費として認められる支出となります。

法▶ また、従業員に対するものであれば、役員の場合と同様に、その支出額が返還されるものであれば貸付金となります。返還されない場合には従業員に対する賞与となりますので、費用として認められます。
しかし、この場合においても、その増えた賞与に対する源泉所得税は、

その従業員本人の源泉所得税の追徴税額の対象となりますので注意が必要です。

【個人】

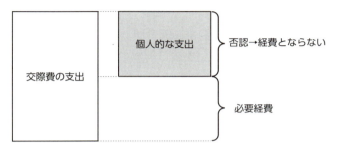

【法人】

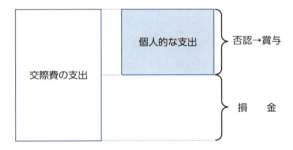

法人税・冗費の節約、支出交際費の制限

　所得税では支出交際費は金額に制限なく、必要経費とすることができますが、法人税では支出交際費について経費として認められる金額には一定の制限が設けられています。これはいったいどのような考え方によって、制限が設けられているのでしょうか。

　一言で言えば、「冗費の節約」つまり無駄遣いを減らしていきましょう、という考え方にあります。

事業活動は個人も法人も隔てなく、すべての事業活動において健全であるべきなのですが、中小企業者にとっては、日本古来からの習慣とでもいうのでしょうか、盆暮れにはお世話になった人への感謝の気持ちとしてお歳暮やお中元を贈る風習があります。

　大きな会社であれば、そういった習慣を断ち切った取引をしていても、なんら営業には支障をきたさないことが想定できますが、小さな会社にとっては、個人と同様に、やはりそういった習慣を断ち切れない立場にあるといえます。

　法人税の税制では常に、中小企業を支援する考え方が根底にありますので、一定の制限を設けて、その範囲内でそういった交際費の支出を認めようとするものです。

■ 定額控除限度額（800万円）までは損金

　期末資本金が1億円以下の中小法人が支出する交際費等の額のうち年800万円までの金額は損金として認められています。

【法人】

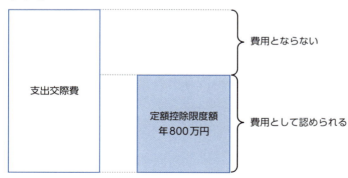

【個人】

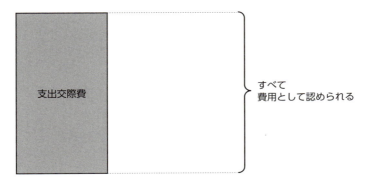

支出交際費

すべて
費用として認められる

接待飲食費については、期末資本金の額等が100億円以下の法人について、その支出額のうち50％相当額までの損金算入が認められます。

法　平成26年度税制改正により加えられた制度ですが、中小法人にあっては、上記の800万円の定額控除限度額と比較して有利な方を選択できるようになりました。

1．年800万円
2．接待飲食費の合計額×50％

つまり、上記のうち大きい金額までが損金として認められることになります。
なお、1人当たり5,000円以下の飲食費については、すべての法人の支出交際費から除外されます。除外される飲食費は、領収書等の次の保存要件を満たした飲食費をいいますので注意が必要です。

消　金額基準である5,000円の判定や交際費等の額の計算は、法人の適用している消費税等の経理処理である、税抜経理方式または税込経理方式により算定した価額により行います。

★ 損金として認められる接待飲食費

● 1人当たり5,000円以下であること
● 領収書若しくは帳簿書類などに、次の事項が記載された飲食費

❶	飲食その他これに類する行為（飲食等）のあった年月日
❷	飲食等に参加した事業関係者等の氏名又は名称及びその関係
❸	飲食費の額並びにその飲食店、料理店等の名称及びその所在地
❹	その他飲食費であることを明らかにするために必要な事項

法 法人の支出する交際費が費用となるためには、少し手間がかかります。

法 領収書を保管しておく手間は個人と同じでしょうが、法人税の場合は少し煩雑になります。
通常、領収書には上記の❷以外の内容は書き込まれていますので、❷の要件である「誰が参加したのか」の記載、そして1人あたり5,000円以下であるかの確認をして、交際費とは区別するために会議費などの勘定科目で処理をしておくことになります。
法人は、こういった書類の保存要件が厳しくなる一面があって面倒です。

個 しかし、個人事業者であっても、特に飲食費の領収書などであれば、個人的な支出でないことを証明するためにも、誰と飲食をしたのかを書き込んでおくほうがいいので、結局は同じ手間がかかります。

● 経費として支出した交際費のまとめ

	大法人	中小法人	個　人
年 800 万円超	ダメ：×	ダメ：×	ＯＫ：○
年 800 万円以下	ダメ：×	ＯＫ：○	ＯＫ：○
接待飲食費× 50%以下	ＯＫ：○	ＯＫ：○	ＯＫ：○
個人的な支出	賞与として課税		否認のみ

※個人的な支出

　会社：役員・・・損金不算入として法人税が課税されるうえ所得税も課税される。

　　　　従業員・・損金となるので法人税は課税されないが、所得税が課税される。

※接待飲食費×50%以下

　期末資本金の額等が100億円超の法人を除く。

10 メリット・デメリット ―事業承継―

相続対策、事業承継で財産分けがラク

個 個人事業の事業主が死亡して相続が発生した場合、事業主の名義になっている資産は遺産分割の対象となります。
遺産分割が整うまで、**事業主名義の預金口座は凍結**され、使用できなくなります。

個 預金口座にある事業資金、生活資金も凍結されるとなれば、支払いに支障が生じることも起こりえます。

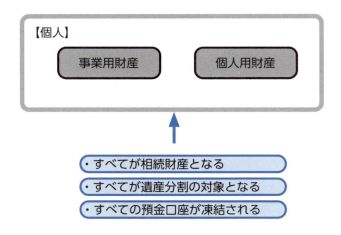

個 また、店舗などの事業用資産も遺産分割の対象となりますので、相続人が複数いる場合、事業用資産のすべてを後継者に相続できるとは限りません。**複数の相続人に事業用資産が分散され、その後の事業継続に支障が生じることがあります。**

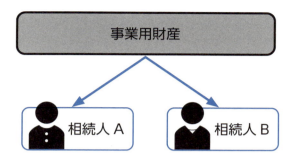

しかし、個人事業のまま相続した場合、事業承継に影響が生じる可能性がありますが、**法人成りにより、これらの影響は抑えることができます。**

法 法人成りにより、預金口座をはじめ、**事業用資産も会社名義に変更することによって、**それらは、個人の資産ではなく、会社の資産になりますので、**相続の影響は受けなくなる**わけです。

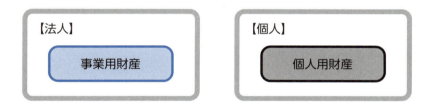

法 法人名義の預金口座は、代表者が死亡した場合でも、凍結されることはありません。預金口座以外の事業用資産も会社の資産であるため、直接、相続の対象資産にはならず、複数の相続人に分散することもありません。

法人成りすることにより、事業用資産はその会社の株式に集約されているので、その株式を相続することで事業承継ができます。
個人事業のまま、事業承継するときは、事業者そのものが変更されますので、事業に関連する契約や資産の名義などをすべて後継者に変更する必要があります。
法人成り後に事業承継をするときは、事業用資産は会社の株式に集約さ

れているため、その株式を後継者に相続することにより、事業用資産の事業承継がされます。

法 相続人が複数いる場合、その株式が複数の相続人に分散することはありますが、**事業資産が直接各個人へ分散することはない**ため、事業の継続への影響は薄くなります。

たとえ、株式が分散されたとしても、その会社の代表者を後継者Aに承継したいのであれば、代表者を後継者Aに役員変更します。
後継者Aが代表者に就任することにより、経営権は後継者Aに承継されます。事業上の契約、事業用資産は、既に会社の名義になっているため、相続により変更する必要はありません。実務上、第三者と取り交わした契約によっては、代表者の名義変更が必要な場合もあります。
また、法人成りした場合、その会社の株式を生前に分割して後継者に移転することにより、相続対策を講じることもできます。

法人成りは、相続対策にも有効です。

11 メリット・デメリット ─損益通算─

損益通算ができる所得区分とできない所得区分がある

法 法人税の計算では、会社の利益は一本化されるため、事業活動により生じた損失は、その一本化された利益の中で自然と通算されます。

個 所得税の計算では、損失が生じた場合、損益通算ができる所得区分とできない所得区分があり、その通算にも順序があります。ここではおさえるためのポイントについて説明していきます。

個 所得税の各所得のうち、**不動産所得、事業所得、山林所得、譲渡所得の損失のみが損益通算**できます。このうち、譲渡所得は土地、建物の分離課税となる譲渡所得、株式の分離課税となる譲渡所得は、原則として他の所得区分との損益通算は認められません。譲渡所得のうち、損益通算が認められるのは、機械、車両、備品などの総合課税となる譲渡所得のみになります。

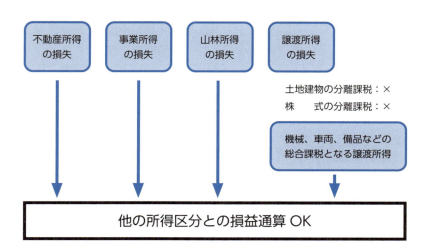

法 会社であれば、土地・建物の譲渡損失や株式の譲渡損失が生じた場合、
個 自然と他の利益と通算されるため税負担の軽減に繋がりますが、個人事業の場合は、そのような損益通算ができないため、**法人税に比べて税負担は高くなります。**

■ 損益通算できる所得区分のまとめ・・・・・・・・・・・・・・・・・・・・・・・・・・・・・・・

所得区分			損益通算
利 子 所 得			× 損失がでない
配 当 所 得			× 損益通算できない
不動産所得			○ 損益通算できる（注）
事 業 所 得			○ 損益通算できる
給 与 所 得			× 損益通算できない
退 職 所 得			× 損失がでない
山 林 所 得			○ 損益通算できる
譲渡所得	①	土地・建物	× 損益通算できない（注）
	②	株式等	× 損益通算できない（注）
	③	①・②以外	○ 損益通算できる
一時所得			× 損益通算できない
雑所得			× 損益通算できない

個 上記の損益通算できる所得区分のまとめについては、不動産所得と譲渡所得の損失については、いくつかの留意点がありますので、注意が必要です。

84

■ **不動産所得の損益通算の留意点**・・・・・・・・・・・・・・・・・・・・・・・・・・・・・・・・・・

　不動産所得の損失のうち、貸付用土地を取得するための借入金の利子に相当する部分は、損益通算の対象から除かれます。

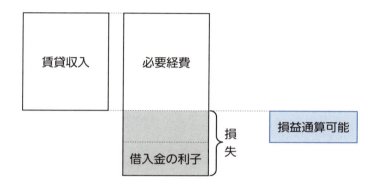

■ **土地・建物の損益通算の留意点**・・・・・・・・・・・・・・・・・・・・・・・・・・・・・・・・・・

　土地・建物を譲渡して生じた損失の金額は、他の土地又は建物の譲渡所得の金額から控除できますが、その控除をしてもなお控除しきれない損失の金額は、損益通算することはできません。

▼ **他の土地建物との損益通算のパターン１**

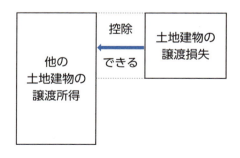

▼ 他の土地建物との損益通算のパターン2

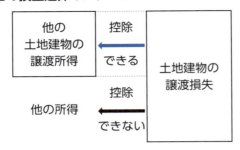

> 個 なお、所有期間が5年を超える居住用財産を譲渡したときに生じた損失の金額については、一定の要件を満たす場合に限り、損益通算をすることができます。

● 一定の要件
次の（1）又は（2）のいずれかに該当すること。

（1） 居住用財産を買い換えた場合の特例

　　旧居宅を売却し、新居宅を購入した場合に、旧居宅の譲渡による損失が生じたときは、次の要件を満たすものに限り、その譲渡損失は損益通算することができます。

❶	自分が住んでいる居宅を譲渡すること。なお、以前に住んでいた居宅の場合には、住まなくなった日から3年目の12月31日までに譲渡すること。
❷	譲渡の年の1月1日における所有期間が5年を超える旧居宅で日本国内にあるものの譲渡であること。
❸	譲渡の年の前年の1月1日から売却の年の翌年12月31日までの間に日本国内にある新居宅で家屋の床面積が50平方メートル以上であるものを取得すること。
❹	新居宅を取得した年の翌年12月31日までの間に居住の用に供すること又は供する見込みであること。

❺ 新居宅を取得した年の12月31日において買換資産について償還期間10年以上の住宅ローンを有すること。

(2) 住宅ローンが残っている居住用財産を譲渡した場合の特例

住宅ローンのある居宅を住宅ローンの残高を下回る価額で売却して損失が生じたときは、次の要件を満たすものに限り、その譲渡損失は損益通算することができます。

❶	自分が住んでいる居宅を譲渡すること。なお、以前に住んでいた居宅の場合には、住まなくなった日から3年目の12月31日までに譲渡すること。
❷	譲渡の年の1月1日における所有期間が5年を超える居宅で日本国内にあるものの譲渡であること。
❸	譲渡した居宅の売買契約日の前日において、その居宅に係る償還期間10年以上の住宅ローンの残高があること。
❹	マイホームの譲渡価額が上記❸の住宅ローンの残高を下回っていること。

■ 株式等の損益通算の留意点

株式等を譲渡して生じた損失の金額は、他の株式等に係る譲渡所得等の金額から控除できますが、その控除をしてもなお控除しきれない損失の金額は、損益通算することはできません。

▼ 他の株式等との損益通算のパターン１

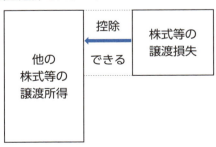

▼ 他の株式等との損益通算のパターン2

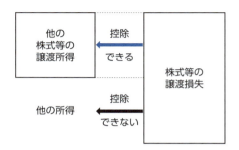

個 なお、上場株式等を金融商品取引業者等を通じて売却したこと等により生じた損失の金額がある場合は、確定申告により、その年分の上場株式等に係る配当所得の金額(申告分離課税を選択したものに限ります)と損益通算することができます。

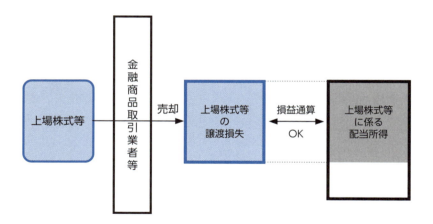

損益通算の順序

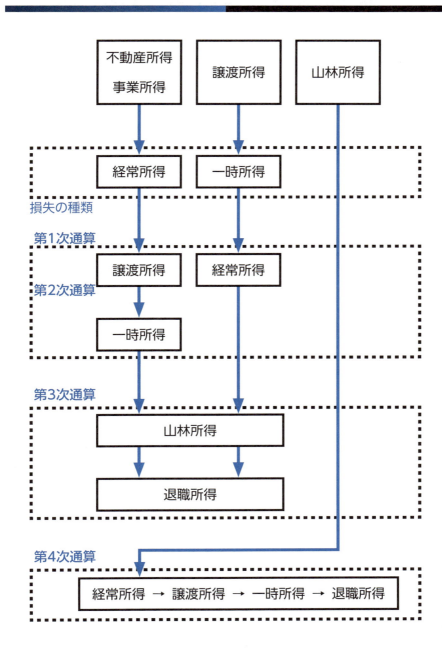

12 メリット・デメリット ──譲渡所得──

有価証券・不動産の売買は、譲渡所得で分離課税

法 **個** 法人税と所得税の計算の違いに、有価証券や不動産を譲渡した場合の課方法があります。所得税では、分離課税となります。

■ 有価証券の分離課税・・

まずは、有価証券の課税方法ですが、他の所得と合算せずに区分して所得を計算し、超過累進税率を適用せずに、所得税15％と住民税5％の一律税率により課税します。

```
┌──────────┐
│ 他の      │
│ 譲渡所得  │
└──────────┘
                        （一律税率）
┌──────────┐        ┌─────────────┐        ┌──────────┐
│ 有価証券の│  ×    │ 15% 所得税  │  =     │ 所得税    │
│ 譲渡所得  │  ×    │ 5% 住民税   │  =     │ 住民税    │
└──────────┘        └─────────────┘        └──────────┘
┌──────────┐
│ 他の      │
│ 譲渡所得  │
└──────────┘
```

個 所得税では長い間、個人投資家の投資普及、拡大などを目的として、有価証券の譲渡は原則非課税とされていましたが、平成元年の税制改正により、原則課税となりました。しかし、有価証券の譲渡所得は、「租税政策を反映させるため」、「他の所得に影響させないため」などの理由から分離課税の方法が採用されています。

■ **不動産の分離課税**・・・

つぎに、不動産の課税方法ですが、こちらも同じく分離課税となりますが、所有期間が5年以内のものは短期譲渡所得、所有期間が5年超のものは長期譲渡所得として区分し、短期譲渡所得には所得税30％と住民税9％の一律税率、長期譲渡所得には所得税15％と住民税5％の一律税率により課税します。

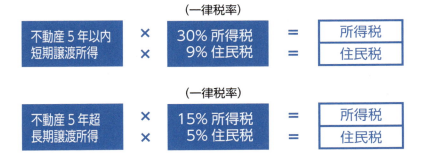

個▶ 不動産の譲渡所得については、昭和44年以来、短期保有の不動産については投機的な売買の抑制の観点から課税重課、長期保有の不動産については長期保有資産の市場供給の促進の観点から課税軽課するために分離課税の方法が採用されています。

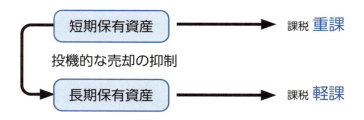

では、有価証券と不動産の課税方法をまとめます。

● 有価証券の課税方法

	上場株式等	上場株式等以外
課税方法	申告分離課税	申告分離課税
税率	所得税 15％（※） 住民税　5％	所得税 15％（※） 住民税　5％
譲渡損失の取扱い （内部通算）	他の株式等の譲渡益 と通算できる	他の株式等の譲渡益 と通算できる
譲渡損失の取扱い （損益通算）	上場株式等の配当等 と損益通算できる	損益通算できない

※平成25年から令和19年までは、復興特別所得税として各年分の基準所得税額の2.1％を所得税と併せて申告・納付することになります。

● 不動産の課税方法

	短期譲渡所得	長期譲渡所得
所有期間	5年以内	5年超
課税方法	申告分離課税	申告分離課税
税率	所得税 30％（※1） 住民税　9％	所得税 15％（※1） 住民税　5％
譲渡損失の取扱い （内部通算）	他の不動産の譲渡益 と通算できる	他の不動産の譲渡益 と通算できる
譲渡損失の取扱い （損益通算）	損益通算できない	損益通算できない （※2）

※1：平成25年から令和19年までは、復興特別所得税として各年分の基準所得税額の2.1％を所得税と併せて申告・納付することになります。
※2：所有期間5年超の居住用財産を譲渡したときに生じた損失の金額については、一定の要件を満たす場合に限り、損益通算をすることができます。

事業用資産の譲渡のみ消費税の課税対象になる

個人事業者が、事業で使用している建物や車両運搬具などの**資産を譲渡した場合**であっても、**所得税法では**『**譲渡所得**』になります。

個▶ つまり、たとえ建物や車両運搬具を『事業用資産』として所有している場合であっても、所得税法ではそれらの資産を譲渡したときは『事業所得』の損益ではなく、『譲渡所得』の損益として認識することになっています。

消▶ これらの譲渡について、消費税の課税関係については、特に注意すべきポイントがありますので、そのことについて考察していきたいと思います。

消▶
個▶ 消費税の課税要件には『事業者が事業として行う取引』という文言があります。したがって、個人が、**マイホームやマイカーを譲渡した場合は**、事業者が事業として行った取引ではないので、**消費税の課税対象にはなりません**。

個▶ しかし、個人事業者が、**事業用資産を譲渡する取引は**、『事業者が事業として行う取引』になるため、**消費税の課税対象となります**。

消 事業用資産なのか、個人用資産なのかによって消費税の課税関係が変わります。つまり、正しくは、消費税の課税対象か否かは、**所得税の所得区分にかかわらず、「消費税の課税要件」にて課税対象か否かを判断**することになります。

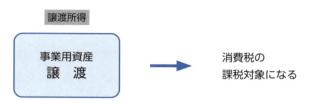

譲渡所得の計算は、事業所得の経理方法で決まる

個 事業用資産を譲渡した場合の譲渡所得の計算は、事業所得の消費税の経
消 理方法に準じて計算します。
つまり、事業所得の経理で、消費税に関する処理として、税込経理を採用している場合は、譲渡所得の総収入金額や取得費も税込経理で計算します。

消 事業所得の経理方法が**税抜経理を採用している場合**には、譲渡所得の計算においても、**税抜経理で処理したものとして計算**します。

個 また、事業用資産の譲渡により乗じた消費税の**納付税額は、事業所得の必要経費に計上**します。

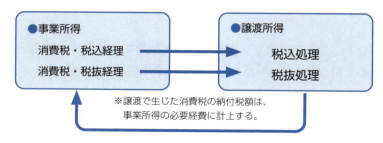

個 この取扱いは不動産所得や山林所得において生じた事業用資産についても同様に考えます。

■ 家事共用資産を取得・譲渡した場合

個 では、個人事業者が、資産を事業の用と家事の用の両方に供した場合の取扱いについて考えてみたいと思います。

▼ 家事共用資産の取得

まず、家事共用資産を取得した場合は、その取得価額を事業用と家事用に区分せずに、取得価額の全額を事業用資産として計上します。

このとき個人事業者が消費税の課税事業者である場合、事業用に供した部分に係る消費税のみが、仕入税額控除の対象となります。家事用に供した部分に係る消費税は、仕入税額控除の対象にはなりません。

なお仕入税額控除の対象となった消費税140,000円が仮払消費税として仕訳されることになり、家事用の部分については、事業主勘定として処理をすることになります。

▼ 家事共用資産の減価償却

　家事共用資産の減価償却費の計算は、取得価額の全体を基礎として償却費の計算をし、事業共用割合を乗じた金額を必要経費に算入します。

取得価額		償却率		事業供用割合		必要経費算入額
2,000,000円	×	0.200	×	70%	=	280,000円

　税込経理をしている場合には、次のようになります。

取得価額		償却率		事業供用割合		必要経費算入額
2,200,000円	×	0.200	×	70%	=	308,000円

　なお、消費税分についても、70％部分のみが順次事業所得の必要経費に算入されることになります。

▼ 家事共用資産の譲渡

　家事共用資産を譲渡した場合は、その譲渡対価を事業用と家事用に区分せずに、譲渡対価の全額を譲渡所得として計算します。

　このとき個人事業者が消費税の課税事業者である場合、事業用に供した部分に係る譲渡対価のみが、消費税の課税売上となります。家事用に供した部分に係る譲渡対価は、消費税の課税売上にはなりません。

　このとき、インボイス制度において、当社が適格請求書発行事業者である場合であっても、家事用資産の譲渡部分については、適格請求書は発行できませんので注意が必要です。適格請求書が発行できる課税取引は、あくまでも事業用部分のみとなります。

家事用 (30%)	100万円×30%	} 消費税の 課税売上とならない
事業用 (70%)	100万円×70% ×10%＝70,000円	} 消費税の 課税売上となる

譲渡価額 100万円（税抜）
消費税額 70,000円

この場合、税込経理によって処理をしているときはその計算が複雑になります。

税込経理による場合は、譲渡価額を1,070,000円で譲渡している計算によって消費税部分を把握することになります。

$$譲渡価額 \times \frac{70\% \times 10\%\ (=0.07)}{30\% + 70\% \times 1.10\ (=1.07)} = 消費税部分$$

$$1,070,000円 \times \frac{0.07}{1.07} = 70,000円$$

消 ▶ 法人成りにともなって、**家事共用資産を法人に譲渡するときには、**消費税については、**特に注意が必要です。**

13 メリット・デメリット ―経済的利益―

役員への住宅貸与の家賃

法 法人が役員に対して住宅を貸与する場合、その家賃の額が、通常の家賃の額に満たない場合は、**通常の家賃の額と実際の家賃の額の差額**は経済的利益となり、**役員報酬として取り扱われます。**

(通常の家賃の額) － (実際の家賃の額) ＝ 経済的利益

法 この場合、所得税法で計算される『通常の家賃の額』は、一般の市場価額よりも低額であることが多いため、法人では、社宅を購入したり賃借した場合に購入社宅の関連経費や支払家賃などで法人税法上損金算入される金額と、『実際の家賃の額』として社宅使用料として徴収した金額との差額については、給与とならない経費として認められることとなります。

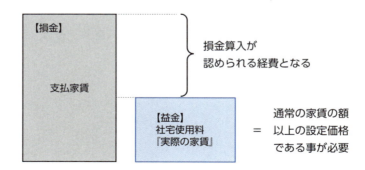

①通常の家賃の額の計算

法人所有の社宅の場合の通常の家賃の月額は、次の算式により計算します。

※木造家屋以外の家屋については10%

▼ 計算例

家屋 …… 固定資産税の課税標準額　800万円

敷地 …… 固定資産税の課税標準額　1200万円

＜通常の家賃の額の計算＞

① 〔800万円×12％ + 1200万円×6％〕× $\frac{1}{12}$ ＝ (月額) 14万円

②借上げの場合の家賃の額の計算

法人が借上げ住宅を役員に貸与した場合、上記の通常の家賃の額が法人が支払う家賃の額の50％に相当する金額を超えるときは、その50％に相当する金額を、通常の家賃の額として経済的利益を計算します。

▼ 計算例

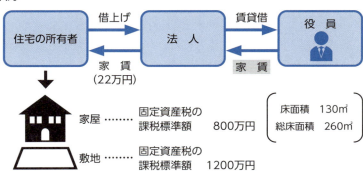

＜通常の家賃の額の計算＞

① 〔800万円× 12％ ＋ 1200万円× 6％〕× $\frac{1}{12}$ ＝ (月額) 14万円

② 22万円× 50％ ＝ 11万円 ＜ 14万円 ∴ (月額) 11万円

■ ③小規模住宅等に係る家賃の額の計算・・・・・・・・・・・・・・・・・・・・・・・・・・

　法人が役員に貸与した住宅のうち、その貸与した家屋の床面積が132㎡（木造家屋以外の家屋については99㎡）以下であるものに係る通常の家賃の額は、次の算式で計算します。

その年度の家屋の固定資産税の課税標準額 ×0.2% ＋12円× $\dfrac{\text{当該家屋の総床面積（㎡）}}{3.3\ (㎡)}$ ＋ その年度の敷地の固定資産税の課税標準額 ×0.22%

＜通常の家賃の額の計算＞

③ 800万円 × 0.2% ＋ 12円 × $\dfrac{260㎡}{3.3㎡}$ ＋ 1200万円 × 0.22% ＝ (月額) 43,345円

　家屋の床面積が132㎡以下の要件については、「総床面積」ではなく、「床面積」で判定するところが注意すべきポイントになります。

　床面積が132㎡以下の場合には、③を適用することができますが、132㎡を越えるものについては、①又は②により通常の家賃の額を計算することになります。

　また、床面積が240㎡を越えるもので、いわゆる豪華社宅である場合は、①から③の適用はなく、実勢価額である時価が通常の家賃の額となります。

従業員への住宅貸与の家賃

　法人が従業員に対して住宅を貸与する場合、その家賃の額が、通常の家賃の額に満たない場合は、通常の家賃の額と実際の家賃の額の差額は経済的利益となり、給与として取り扱われます。

①通常の家賃の額の計算

　通常の家賃の月額は、次の算式により計算します。
　なお、この算式で計算した通常の家賃の50％以上を従業員から徴収していれば、給与として課税はされません。

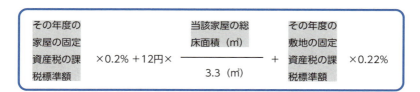

▼ 計算例

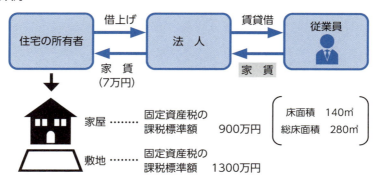

＜通常の家賃の額の計算＞
　900万円 × 0.2％ ＋ 12円 × $\dfrac{280㎡}{3.3㎡}$ ＋ 1300万円 × 0.22％ ＝ (月額) 47,618円

なお、従業員への貸与の場合には、役員に貸与する場合の床面積132㎡以下の要件などはありません。

■ ②借上げの場合の家賃の額の計算・・・・・・・・・・・・・・・・・・・・・・・・・・・・・・・・・

　法人が借上げ住宅を従業員に貸与した場合も、上記①と同じ取扱いとなります。

　そのため、固定資産税評価額を住宅のオーナーや管理会社などから教えてもらう必要があります。

　固定資産税評価額は、3年に一度見直しがされます。

　ただし、その増減額が20％を越えるときは、家賃の改定が必要となりますが、20％以内であれば、改定をしなくても差しつかえありません。

▼ 計算例

<通常の家賃の額の計算>

① $900万円 \times 0.2\% + 12円 \times \dfrac{280㎡}{3.3㎡} + 1300万円 \times 0.22\% = 47,618円$

② $70,000円 \times 50\% = 35,000円 ＜ 47,618円 ∴ $ <u>（月額）35,000円</u>

メリット・デメリット ——減価償却——

減価償却計算の有利不利

■ 減価償却のあらまし••••••••••••••••••••••••••••••••

　業務のために使用される建物、機械装置、器具備品、車両運搬具などの資産は、時の経過や使用によってその価値が減少していきます。このような資産を減価償却資産といいます。

　土地や骨とう品などのように時の経過により価値が減少しない資産は、減価償却資産ではありません。

　減価償却資産を取得した場合には、その取得に要した金額は、**取得した時に全額費用になるのではなく、その資産の使用可能期間にわたり分割して費用**としていきます。

　この使用可能期間に当たるものとして法定耐用年数が法令で定められています。減価償却とは、減価償却資産の取得に要した金額を一定の方法によって各年分の費用として配分していく手続です。

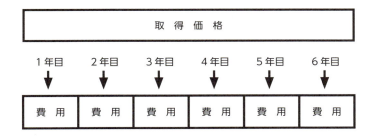

103

■ 法人は任意償却、個人は強制償却··································

法 法人税では、減価償却資産の償却費は償却限度額の範囲内で任意に償却額を決定して費用計上することが認められています。つまり、事業年度によっては償却費の計上をせずに申告することも認められます。

個 個人においては、法人の取扱いと違って、減価償却資産の償却費は強制償却となっています。

法 法人では任意償却、個人では強制償却というところは、両者の特徴としては最も違いのある部分になります。

法
個 それ以外に違いがある部分としては、会社で購入した減価償却資産については、事業専用割合などの概念は存在しませんが、個人であれば、事業専用割合を常に決定してその割合分の償却費が必要経費に算入されます。

法
個 法人税では会社の支出か個人的な支出かは、混同されないことを前提にして各種規定が存在しています。
個人事業者はどうしても個人的な支出と事業としての支出が混同されやすい性格があることが前提となっているようです。

■ 個人の減価償却···

個 取得して事業の用に供した減価償却資産については、まず事業専用割合を合理的に決定する必要があります。減価償却資産が建物である場合には、事業所として占有している部分と個人的に占有している部分の面積の比などで合理的に算定してその割合を決定します。

個人事業者の事業用資産は、資産を取得した段階において個人的にも使用するという前提となっています。

たとえば、電話機1つにしても、事業を開始したからといって、「事業用にもう一台購入する」というのも考えにくいことです。自動車にしても、マイカーがあれば、事業用にも使いたいでしょうが、それぞれ専用のものをもう一台購入するような規模ではないことが、個人事業者の実情です。

そして次に、**個人事業者では、**減価償却の償却計算によって必要経費に算入されることとなった金額は、**所得計算上強制的に必要経費に算入されることになります。**

この強制償却については、仮に必要経費に算入することを失念していたとしても、**その分の経費を翌年度以降の経費にすることはできません。**

もし、本当に失念してしまったことに後日気づいた場合には、法定申告期限から5年以内に限り、更正の請求により所得金額を減額することが可能です。
ただし、申告期限から5年以内の更正の請求は、調査によってその請求を認めるか否かが決定されますので、手続きもその分面倒になります。

あと、残存帳簿価額は、たとえ償却費の計上を失念していた年度があったとしても、その年度の償却費相当額を減額した後の金額になります。
また、個人的な負担額として必要経費に算入しなかった部分の償却費相当額も差し引くことになります。

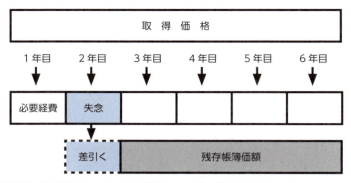

※２年目に償却費の計上を失念しても、３年目以降にその分の償却費の計上はできない。
※事業占用割合によって必要経費に算入されなかった償却費相当額も残存帳簿価額から差し引く。

■ **法人の減価償却**・・・

法 法人の減価償却は任意償却となっています。

法人税では、償却費として損金経理した金額のうち、償却限度額に達するまでの金額が損金として認められます。逆に償却費として損金経理をした金額がなければ、その年度は償却費として取得価額から差し引く金額はありませんので、その**償却費相当額は翌事業年度以降に償却することができる**ようになります。しかし、償却しなかった償却費相当額は、翌事業年度の償却費と合わせて２年分が償却費として損金算入できるのではなく、**償却しなかった償却費相当額は、翌事業年度以降にずれこんで損金算入される**こととなります。

仮に耐用年数が６年の資産で２年目の償却費の計上をしなかった場合には、６年目に償却されるはずだった償却費相当額は７年目以降に損金算入する機会が与えられるようになる、ということです。

なお、仮に損金の額に算入することを失念していた場合には、損金経理をした金額はありませんので、そもそも償却が認められないことになり、個人事業のように更正の請求などはできません。

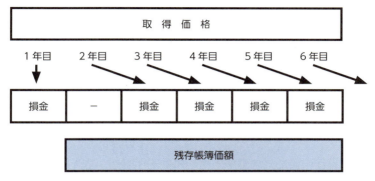

※2年目に償却費の計上をしなくても、3年目以降にその分の償却費の計上ができる。
※損金の額に算入されなかった償却費相当額は残存帳簿価額から差し引かない。

■ **償却方法の選定**・・

　減価償却資産は、その種類ごとに償却方法が定められています。

　減価償却資産は、事業の業態により、その活用方法も様々です。

　そのため、**その事業に適した償却方法を複数の方法から選択することが認められている資産もあります**。償却方法が複数ある資産については、その資産の種類ごとに償却方法を選択することができます。

　その選択については、船舶であれば船舶ごとに、それ以外の資産については事業所ごとに、かつ機械装置については設備の種類ごとに、機械装置以外の資産については、資産の種類ごとに選定することができます。

▼ 選定単位

機械装置　→　設備の種類ごと 上記以外　→　資産の種類ごと	かつ　事業所ごと 船　舶ごと

▼ 届出の期限

『減価償却資産の償却方法の届出書』の提出期限は、法人と個人とで次のように変わります。

法人

法人を設立した場合
設立の日の属する事業年度に係る確定申告書の提出期限まで

個人

新たに業務を始めた場合
その翌年 3 月 15 日まで

■ 法定償却方法 ・・・・・・・・・・・・・・・・・・・・・・・・・・・・・・・・・・・・

また、償却方法が選択できる資産について、選定の届け出をしなかった場合には、税務上の償却計算は、法定償却方法を採用して計算したものとして扱われます。

この法定償却方法は、資産ごとに定められていますが、法人と個人とによっても、若干の違いがありますので、注意が必要です。

● 平成10年3月31日以前に取得した資産

	資産の種類	償却方法	法定償却方法	
			所得税	法人税
有形	建物	旧定額法 旧定率法	旧定額法	旧定率法
有形	建物附属設備 構築物 機械及び装置 船舶、航空機 車両運搬具 工具器具及び備品	旧定額法 旧定率法	旧定額法	旧定率法
有形	鉱業用のもの	旧定額法 旧定率法 旧生産高比例法	旧生産高比例法	旧生産高比例法
無形	無形減価償却資産	旧定額法	旧定額法	旧定額法
無形	鉱業権	旧定額法 旧生産高比例法	旧生産高比例法	旧生産高比例法
生物	生物	旧定額法	旧定額法	旧定額法

● 平成10年4月1日以後～平成19年3月31日以前に取得した資産

	資産の種類	償却方法	法定償却方法	
			所得税	法人税
有形	建物	旧定額法	旧定額法	旧定額法
有形	建物附属設備 構築物 機械及び装置 船舶、航空機 車両運搬具 工具器具及び備品	旧定額法 旧定率法	旧定額法	旧定率法
有形	鉱業用のもの	旧定額法 旧定率法 旧生産高比例法	旧生産高比例法	旧生産高比例法
無形	無形減価償却資産	旧定額法	旧定額法	旧定額法
無形	営業権	5年均等償却	5年均等償却	5年均等償却
無形	鉱業権	旧定額法 旧生産高比例法	旧生産高比例法	旧生産高比例法
生物	生物	旧定額法	旧定額法	旧定額法

● 平成19年4月1日以後～平成24年3月31日以前に取得した資産

	資産の種類	償却方法	法定償却方法	
			所得税	法人税
有形	建物	定額法	定額法	定額法
	建物附属設備 構築物 機械及び装置 船舶、航空機 車両運搬具 工具器具及び備品	定額法 250％定率法	定額法	250％定率法
	鉱業用のもの	定額法 250％定率法 生産高比例法	生産高比例法	生産高比例法
無形	無形減価償却資産	定額法	定額法	定額法
	営業権	5年均等償却	5年均等償却	5年均等償却
	鉱業権	定額法 生産高比例法	生産高比例法	生産高比例法
生物	生物	定額法	定額法	定額法

● 平成24年4月1日以後～平成28年3月31日以前に取得した資産

	資産の種類	償却方法	法定償却方法	
			所得税	法人税
有形	建物	定額法	定額法	定額法
	建物附属設備 構築物 機械及び装置 船舶、航空機 車両運搬具 工具 器具及び備品	定額法 200％定率法	定額法	200％定率法
	鉱業用のもの	定額法 200％定率法 生産高比例法	生産高比例法	生産高比例法
無形	無形減価償却資産	定額法	定額法	定額法
	営業権	5年均等償却	5年均等償却	5年均等償却
	鉱業権	定額法 生産高比例法	生産高比例法	生産高比例法
生物	生物	定額法	定額法	定額法

● 平成28年4月1日以後〜に取得した資産

	資産の種類	償却方法	法定償却方法	
			所得税	法人税
有形	建物 建物附属設備 構築物	定額法	定額法	定額法
	機械及び装置 船舶、航空機 車両運搬具 工具 器具及び備品	定額法 200％定率法	定額法	200％定率法
	鉱業用のもの 建物 建物附属設備 構築物	定額法 生産高比例法	生産高比例法	生産高比例法
	鉱業用のもの 上記以外	定額法 200％定率法 生産高比例法	生産高比例法	生産高比例法
無形	無形減価償却資産	定額法	定額法	定額法
	営業権	5年均等償却	5年均等償却	5年均等償却
	鉱業権	定額法 生産高比例法	生産高比例法	生産高比例法
生物	生物	定額法	定額法	定額法

■ 償却方法の変更 ・・・・・・・・・・・・・・・・・・・・・・・・・・・・・・・・・・・・

個 **法** 減価償却の方法を変更しようとするときは、個人はその変更しようとする年の3月15日までに、法人は 新たに償却方法を採用しようとする事業年度開始の日の前日までに、所轄の税務署長に申請書を提出してその承認を受ける必要があります。

これらの申請書は、**法人税と所得税によって、提出する書式が違います**ので注意が必要です。

【個人】：所得税の減価償却資産の償却方法の変更承認申請書

税務署受付印			1 1 8 0

所得税の 棚卸資産の評価方法 減価償却資産の償却方法 の変更承認申請書

_____ 税務署長

年　月　日提出

	納　税　地	住所地・居所地・事業所等（該当するものを○で囲んでください。） （〒　－　　） 　　　　　　　　　　　　　　　　　（TEL　　－　　－　　　）
	上記以外の 住 所 地・ 事 業 所 等	納税地以外に住所地・事業所等がある場合は記載します。 （〒　－　　） 　　　　　　　　　　　　　　　　　（TEL　　－　　－　　　）
フリガナ 氏　　名		生年月日　　　　　年　月　日生
職　　業		フリガナ 屋　号

_____年分から、 棚卸資産の評価方法 減価償却資産の償却方法 を次のとおり変更したいので申請します。

1　棚卸資産の評価方法

事 業 の 種 類	資 産 の 区 分	現 在 の 評 価 方 法		採用しようとする 新たな評価方法
		現 在 の 方 法	採 用 し た 年	

2　減価償却資産の償却方法

	資産の種類 設備の種類	構 造 又 は 用途、細目	現 在 の 償 却 方 法		採用しようとする 新たな償却方法
			現 在 の 方 法	採 用 し た 年	
(1)　平成19年3月31日 　　以前に取得した減価 　　償却資産					
(2)　平成19年4月1日 　　以後に取得した減価 　　償却資産					

3　変更しようとする理由（できるだけ具体的に記載します。）

4　その他参考事項

(1)　上記2で「資産の種類・設備の種類」欄が「建物」の場合

　　　建物の取得年月日　　_____年____月____日

(2)　その他

関与税理士							
（TEL　　－　　－　　　）							

税務署整理欄	整 理 番 号	関係部門 連　絡	A	B	C
	0 ｜｜｜｜｜｜				
	通 信 日 付 印 の 年 月 日	確　認			
	年　　月　　日				

112

【法人】：減価償却資産の償却方法の変更承認申請書

<table>
<tr><td colspan="2" rowspan="2" align="center">減価償却資産の償却方法の
変 更 承 認 申 請 書</td><td>※整理番号</td><td></td></tr>
<tr><td colspan="2"></td></tr>
</table>

税務署受付印	納　税　地	〒　　　　　　　電話（　　）　　―
	（フリガナ）	
令和　年　月　日	法 人 名 等	
	法 人 番 号	
	（フリガナ）	
	代 表 者 氏 名	
税務署長殿	代 表 者 住 所	〒
	事 業 種 目	業

連結子法人
（申請の対象が連結子法人である場合に限り記載）

（フリガナ）	
法 人 名 等	
本店又は主たる事務所の所在地	〒　　　　　　　（　　局　　署）　電話（　　）　　―
（フリガナ）	
代 表 者 氏 名	
代 表 者 住 所	〒
事 業 種 目	業

※税務署処理欄

整 理 番 号	
部　　門	
決 算 期	
業種番号	
整 理 簿	
回 付 先	□ 親署 ⇒ 子署　□ 子署 ⇒ 調査課

自 令和　年　月　日
至 令和　年　月　日　事業年度から減価償却資産の償却方法を下記のとおり変更したいので申請します。

記

資産、設備の種類	現によっている償却方法	現によっている償却方法を採用した年月日	採用しようとする新たな償却方法
		年　　月　　日	
		年　　月　　日	
		年　　月　　日	
		年　　月　　日	
		年　　月　　日	
		年　　月　　日	

変更しようとする理由	

税 理 士 署 名	

※税務署処理欄	部門	決算期	業種番号	番号	整理簿	備考	通信日付印	年　月　日	確認

（規格Ａ４）

04. 03 改正

少額な減価償却資産の取扱い

　取得価額が30万円未満である少額な減価償却資産については、その金額や各種の要件により、耐用年数による減価償却計算をするのではなく、即時償却や3年での均等償却を認めているものがあります。

　それぞれの特例について個人と法人ではその要件にも違いがありますので注意が必要です。

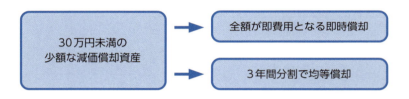

■ 判定金額は消費税込みと消費税抜きで変わる･･････････････････････

　　なお、これらの規定については、取得価額の金額によりそれぞれ適用が受けられる規定が決まります。

消▶ これらの判定に際しては、消費税の額を含めるかどうかは納税者の経理方式にもよりますので注意が必要です。
　　例えば、税込経理であれば消費税を含んだ金額で、税抜経理であれば消費税を含まない金額で判定します。

　　なお、免税事業者の経理方式は税込経理と同様になりますので、消費税を含んだ金額で判定することも注意ポイントの1つです。

	経理方法	支払った消費税
免税事業者	－	含めて判定
課税事業者	税込経理	含めて判定
	税抜経理	含めないで判定

❶ 少額の減価償却資産

個 使用可能期間が1年未満のもの又は取得価額が10万円未満のものは、所得税においては、その取得に要した金額の全額を業務の用に供した年分の必要経費とします。この取扱いは**個人の意思に関係無く、強制適用**となります。

法 法人税では、取得して事業供用をした事業年度において、その取得に要した金額の全額を損金経理した場合に、その損金経理した金額が損金の額に算入されます。
取得に要した金額の一部でも損金経理しなかった金額がある場合には、通常償却により減価償却計算をしたものとして扱われます。この特例の適用を受けるかどうかは、**法人の損金経理という意思表示に委ねられますので任意適用**となっています。

❷ 一括償却資産

個 所得税では、取得価額が10万円以上20万円未満の減価償却資産については、その減価償却資産の全部又は特定の一部を一括し、その一括した

減価償却資産の取得価額の合計額の3分の1に相当する金額をその業務の用に供した年以後3年間の各年分において必要経費に算入することができます。

ただし、この規定の適用を選択した個人は、**その年以降は3年間の均等償却について強制償却が適用**されますので、その一括償却資産における均等額は各年分の必要経費に必ず算入されます。

法 法人税でも取得価額が20万円未満の減価償却資産について一括償却の適用を受けることができます。

所得税であれば、上記❶の適用は強制適用であるため10万円未満の資産は対象になりませんが、法人税では❶の適用を受けていない資産であれば一括償却の適用を受けることができます。

また一括償却の適用を受けた場合であっても、その償却は3年間の均等償却であるにもかかわらず、損金経理要件が存在しますので**実質的には任意償却**となっています。

つまり3年で均等償却計算をした償却限度額の範囲内であれば自由に償却費を計上することが認められます。

❸ 少額減価償却資産

個 取得価額が10万円以上30万円未満のものは、所得税においては、その取得に要した金額の全額を業務の用に供した年分の必要経費とすることができます。ただし、その取得価額の合計額のうち300万円に達するまでの取得価額の合計額がその限度となります。

法 法人税では、取得して事業供用をした事業年度において、その取得に要した金額の全額を損金経理した場合に、その損金経理した金額が損金の額に算入されます。

300万円の限度については、所得税と同様です。

個 この少額減価償却資産の特例は、所得税においても強制適用となっているわけではなく、その適用を受けるかどうかは個人が自由に選択できることになっています。

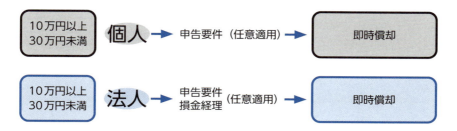

法 この規定は青色申告書を提出する中小企業者に対する特典として付与されている特例です。ただし、上記❶、❷及び他の租税特別措置法上の規定の適用を受ける減価償却資産についてはこの制度は適用できませんので注意が必要です。

● 貸付の用に供する資産を除く

　令和４年度税制改正により、少額な減価償却資産の取得価額の損金算入制度について、対象資産から、資産の貸付業を営む事業者の主となる事業として運用される貸付用の資産を除き、貸付の用に供するものが除外されることとなりました。

　この改正は、貸付の用に供する事業を主として行っている事業者については適用されませんが、主として貸付事業を行っていない法人や個人について適用されますので注意が必要です。

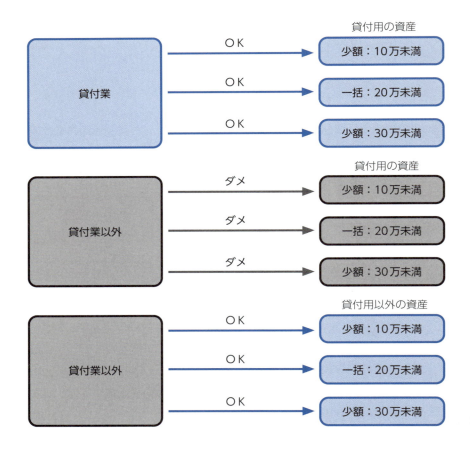

■ 前提となる申告要件••

　少額減価償却資産の特例の適用を受けるための申告要件が所得税と法人税では少し違いがあります。

個 所得税では、中小企業者に該当する個人で青色申告書を提出する方の不動産所得、事業所得又は山林所得を生ずべき業務の用に供した減価償却資産がその対象となります。

【所得税の申告要件等】

要件	所得税法に規定する中小企業者とは、常時使用する従業員の数が1,000人以下の方をいいます。
手続	この制度の適用を受けるためには、確定申告書に少額減価償却資産の取得価額に関する明細書を添付することが必要です。 ❶ 少額減価償却資産の取得価額の合計額 ❷ 少額減価償却資産について租税特別措置法第28条の2を適用する旨 ❸ 少額減価償却資産の取得価額の明細を別途保管している旨

【法人税の申告要件等】

要件	●法人税では、中小企業者又は農業協同組合等である青色申告法人が取得して事業供用した減価償却資産がその対象となります。 ●法人税法に規定する中小企業者とは、次に掲げる法人をいいます。 ❶ 資本金の額又は出資金の額が1億円以下の法人 ただし、同一の大規模法人（資本金の額若しくは出資金の額が1億円を超える法人又は資本若しくは出資を有しない法人のうち常時使用する従業員の数が1,000人を超える法人をいい、中小企業投資育成株式会社を除きます。）に発行済株式又は出資の総数又は総額の2分の1以上を所有されている法人及び2以上の大規模法人に発行済株式又は出資の総数又は総額の3分の2以上を所有されている法人を除きます。 ❷ 資本又は出資を有しない法人のうち、常時使用する従業員の数が1,000人以下の法人
手続	法人については、事業の用に供した事業年度において、少額減価償却資産の取得価額に相当する金額につき損金経理するとともに、確定申告書等に少額減価償却資産の取得価額に関する明細書『別表十六（七）』を添付して申告することが必要です。 また、この規定は租税特別措置法上の特例計算による規定となりますので、適用額明細書への記載も必要になります。

第2章　個人から会社へ

119

■ 法人成りをした場合の留意点・・・・・・・・・・・・・・・・・・・・・・・・・・・・・

個 一括償却資産の適用を受けた個人が、その後法人成りをした場合には注意点があります。それは、一括償却資産の取得価額のうち、まだ必要経費に算入していない部分も、**すべて廃業した年分の個人の事業所得の必要経費に算入する**、という点です。

法 その対象資産が、実際は法人に引き継がれて、法人側で使用されることになっていても、**一括償却資産の未償却残額を法人側に引き継ぐことはしていきません。**

個 これは、個人において、いったん一括償却として処理した資産については即時償却と同様に、個人でその全部を経費として処理してしまうことになっているためです。また、その後においても、譲渡、除却等の事実が生じた場合であっても、その個々の一括償却資産の取得価額を譲渡所得等の金額の計算上、取得費として控除したり、損失として計上することはできません。

一度一括償却資産としたものについては、3年間にわたりこの均等償却を強制的に続けることになっています。
一括償却は、即時償却と同様の位置づけにあるためと解釈されています。

法 このとき、実際に引き継ぐ資産の所有権は、あくまでも個人に帰属することになりますので、**法人に引き継ぐときには、新たに中古資産を売却した、という新たな手続きが必要**になります。

所有権の移転ということであれば、最初に購入したときの処理とは、また違う処理としてとらえるべきこととなります。

15 メリット・デメリット —事業年度—

会計期間と事業年度

　一課税単位について、つまり期間の単位について考えてみたいと思います。
　税法では、課税単位となりますが、所得税や法人税については、一定期間における所得計算がその前提となりますので、一会計期間が一事業年度という期間の単位が設けられています。

個 　個人における会計期間は暦年の12ヶ月がその一単位となっています。個人事業の一会計期間はどの事業者についても例外なく、暦年の1月1日から12月31日がその会計期間となります。
　そして、確定申告書の提出期限は翌年の3月15日と統一されています。
　すべての個人事業者は1月1日から12月31日までの1年間に発生した収支を翌年3月15日までの約3ヶ月の間に計算して、所得税の収支内訳書又は青色決算書及び確定申告書を作成して税務署へ提出します。

【個人】

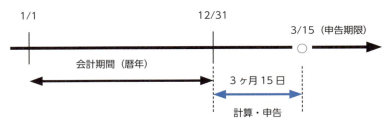

■ **個人は会計期間、法人は事業年度**

法 法人の場合は会計期間は事業年度という言葉に変わります。

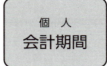

■ **事業年度が1年を超えるときは1年ごとに区切る**

法 一事業年度は法人ごとに定款に記載して自由に決めることができます。ただし、定款に記載した事業年度が1年以上の期間があっても、法人税の申告をする課税単位は1年ごとに区切った各期間を課税単位として申告することになります。

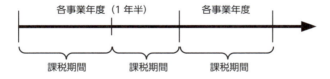

法 事業年度の期間は通常1年間をその単位として定めている会社がほとんどですが、半年を一事業年度としている会社もあります。

個 このような会社を半年決算法人といいますが、所得税には無い概念です。

法 このような会社は、事業年度終了の日である決算日が年に2回ありますので、法人税などの申告も年に2回必要になります。

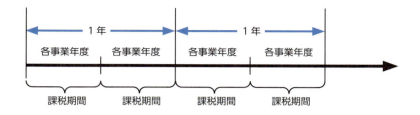

法 法人の場合は、一事業年度の開始日と終了日も会社ごとに自由に決めることができます。

法 これらの事業年度の期間や開始日と終了日については、通常は定款の任意的記載事項として記載しますが、この定款に記載した事業年度が法人税の計算における事業年度となります。
仮に定款に事業年度の定めがない場合には、4月1日から3月31日がその会社の事業年度となります。

法 実務では、実際に事業年度が4月1日から3月31日の会社が多いように感じるのですが、これは、日本銀行の事業年度が4月1日から3月31日であることからでしょうか、法人税や会計帳簿に関する書籍などの会計期間も4月1日から3月31日の期間を事業年度として説明している書籍も多いです。
定款に事業年度の定めが記されていない会社については、法定の事業年度が、4月1日から3月31日であることから、その期間を事業年度としている会社も多いようです。
あと、会社の場合、法人税、住民税、事業税、消費税など、法人が事業年度単位に提出する確定申告書の申告期限はその事業年度終了の日の翌日から2ヶ月以内とされています。
会社ごとにその申告期限も様々となっています。

【法人】

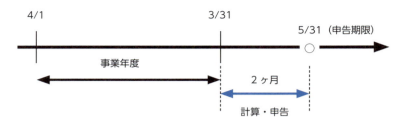

※事業年度の開始日と終了日は自由に決められるが、1年以上の期間である場合には、1年ごとに区切った期間がその法人の一事業年度となる。

■ 閑散期を決算期にする・・

　会社の事業年度は会社を設立するときに、自由に決めることができます。当社の事業が季節商品を扱うような業種など、繁忙期や閑散期があるような業種であれば、事業年度を決めるときには、なるだけ閑散期に決算日から申告期限が到来するように事業年度を定めることをお勧めします。

　繁忙期に決算期が重なると、申告どころではなくなってしまいますので注意が必要です。

■ 消費税の免税期間を考える・・・・・・・・・・・・・・・・・・・・・・・・・・・・・・・・・・・・・・

消▶ また、設立時の資本金が1千万円に満たない会社は、設立してから2事業年度については、原則として消費税の免税事業者となります。

消▶ 設立してから『2事業年度』が免税事業者となるということは、つまり第3期目の事業年度については、設立第1期目の事業年度の売上げによって消費税の課税事業者となるか免税事業者となるかの判定が行われますので、この**設立1期目の事業年度は、とても重要な期間**となります。

124

消 この判定に使用される期間を基準期間といいますが、基準期間が1年未満である場合には、その1年未満の期間を1年に換算した場合の売上高で判定されます。

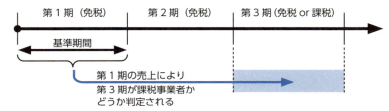

つまり、設立第1期の事業年度が1年未満の事業年度となる場合にも、第3期から消費税の課税事業者になることが想定されますので、設立第1期目の事業年度は最長の12ヶ月となるように最初の決算期を設定したほうが消費税の免税期間はその分長くなりますので、会社にとっては必ず有利になります。

このように、会社を設立する時期は税金の節税を考えた場合には大変重要な事項となります。

【参考】法人成りのメリットとデメリット（一覧）

	個人（所得税）	法人（法人税）
確定申告の申告義務	一定の場合　申告不要	必ず　申告必要
事業主の給与	経費にできない	経費にできる
事業主の退職金	経費にできない	経費にできる
生命保険料	一定額が控除対象	一定額が損金
法人成り後の消費税	2年間 課税事業者	要件により2年間 免税事業者
均等割の最低額	5千円	7万円
欠損金の繰越期間	3年	10年
交際費の限度額	限度なし	限度あり
事業承継	複雑	容易
損益通算	制限あり	制限なし
譲渡所得（有価証券）	（分離課税） 一律20% （所得税15%、住民税5%） で課税	（他の損益と合算） 法人税率、住民税率 で課税
譲渡所得（土地・建物）	（分離課税） 所有期間5年以内一律39% （所得税30%、住民税9%） で課税 （分離課税） 所有期間5年超一律20% （所得税15%、住民税5%） で課税	（他の損益と合算） 法人税率、住民税率 で課税
役員社宅の家賃	経費にできない	経費にできる
減価償却	強制償却	任意償却
事業年度	1／1～12／31のみ	自由に決められる

第3章

個人事業の廃業

1 退職金の支給

従業員はいったん退職したことになる

さて、法人と個人の取扱いを一通り確認したところで、実際に法人成りをすることを考えていきたいのですが、法人を設立すると同時に、やらなければいけないことがあります。

それは、個人事業の廃業です。法人成りというと設立のことばかりに目がいってしまいますが、こちらも重要な事項となります。

第3章では、個人事業の廃業について考えていきたいと思います。

法人成りは、個人事業を法人に引き継ぎますが、正確には個人事業を廃業し、同じ事業を法人として新たに開業することになります。
そのため、個人事業として雇用していた従業員は、法律上は新たに法人として雇用をすることになります。

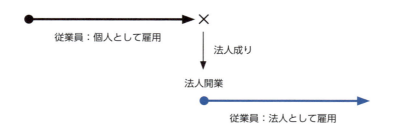

従業員は、法人成りにより、新たに法人として雇用することになるということですので、個人事業の廃業により、従業員はいったん退職したことになります。

● 退職金の支給

個 退職金の支給については、個人事業の廃業までの期間を勤務期間として、退職金を計算し、個人事業の廃業時に支給することになります。
しかし、実質的には法人成りをしたとしても、その事業は継続しており、雇用も継続していますので、廃業時に個人事業として退職金を支給しなくても差し支えありません。

法人成りに伴い、個人事業としての退職金の支給は、個人事業の廃業時に支給してケジメをつけるのか、法人成り後に実際にその従業員が退職をしたときに支給するのかは、あくまでも事業主側の任意で決定できるということではありませんので注意が必要です。

退職金の支給は、本来、退職給与規程に基づいて支給すべきものです。

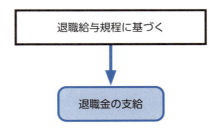

個人事業として、退職金を支給する場合は、個人事業の退職給与規程に基づき、その勤務期間を基礎として計算し、支給されます。

法 個人事業の廃業時に退職金を支給せずに、法人に個人事業時代の勤務期間を引き継ぐ場合は、**法人の退職給与規程に、個人事業時代の勤務期間を引き継ぐ旨の記載が必要**になりますので、注意が必要です。

法人に支給する退職金を引き継ぐ

(1) 個人事業で退職金を費用計上しない場合

　個人事業を営んでいる期間における所得計算上で、退職金を費用計上せずに、法人の退職給与規程において、個人事業を営んでいる期間における勤務期間を含める旨の記載をした場合には、個人事業を営んでいた期間を法人側での退職金の算定基準として引き継ぐことができます。

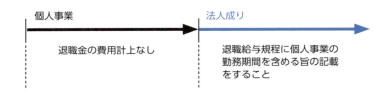

(2) 個人事業で退職金を未払金として費用計上する場合

　個人事業を営んでいる期間における所得計算上で、退職金を未払金として費用計上し、法人側でその未払金を債務として引き継いだ場合には、法人側ではその期間分の退職金を費用計上することはできませんが、その退職金を法人に引き継ぐことができます。

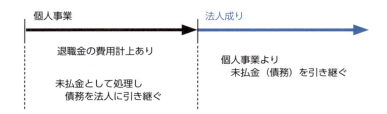

　費用を引き継ぐのか、債務を引き継ぐのか、どちらを選択するにしても、それぞれの手続きはしっかりとしておくことが重要です。

2 小規模共済

解約事由となり共済金は支給される

個 個人事業の事業主として加入している小規模企業共済がある場合には、法人成りに伴いその『小規模企業共済』の取扱いは、いったいどのようになるのでしょうか。

個 小規模企業共済は、個人事業の事業主が廃業又は第一線を退いたときに共済金が支給される共済制度です。
法人成りは、すなわち個人事業の廃業となります。
つまり、**小規模共済の解約事由となりますので、共済金が支給される**ことになります。

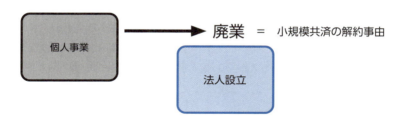

法 しかし、事業を引き継いだ法人が、小規模企業共済の加入条件を満たしていれば、個人事業時代の掛金納付月数を通算することもできます。

法 小規模企業共済は、法人成りに伴い、解約した場合と納付月数を通算する場合とがありますが、それぞれで違いがあります。

小規模企業共済は、掛金の納付月数に応じて掛金合計額の約80％～120％の共済金が給付されます。

そして掛金納付月数を通算することにより納付月数が長くなれば、将来的に共済金が多く支給されます。

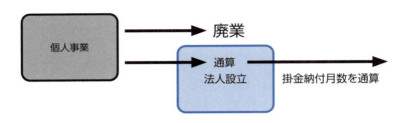

小規模企業共済のしくみ

(1) 加入できる方

①建設業、製造業、運輸業、サービス業（宿泊業・娯楽業に限る）、不動産業、農業などを営む場合
常時使用する従業員の数が20人以下の個人事業主又は会社の役員
②商業（卸売業・小売業）、サービス業（宿泊業・娯楽業を除く）を営む場合
常時使用する従業員の数が5人以下の個人事業主又は会社の役員

(2) 共済金が支給される場合

①個人事業の事業主
・個人事業を廃業したとき　・共済契約者が亡くなられたとき
・法人成りをして、その法人の役員にならなかったとき　・任意解約　など
②法人の役員
・法人が解散したとき　・共済契約者が亡くなられたとき
・役員を退任したとき　・任意解約　など

3 倒産防止共済

個人の地位を引き継ぐことができる

　個人事業として加入している『倒産防止共済』がある場合、法人成りに伴いその共済金の掛け金などはどのようになるのでしょうか。

　倒産防止共済は、取引先が倒産して売掛金債権等が回収困難となったときに共済金の貸付けが受けられる共済制度です。

> 経営セーフティ共済『中小企業倒産防止共済制度』がその正式な制度の名称で、独立行政法人中小企業基盤整備機構（略称：中小機構）が運営する共済制度。この制度は昭和53年に発足し、取引先の倒産に直面した際の迅速な資金調達の手段として、多くの中小企業者が利用している。

　共済金は、加入後6ヶ月以上が経過して、取引先の倒産によって売掛金債権等が回収困難となった場合に、最高8,000万円の共済金の貸付けが受けられます。掛金月額は、5,000円を1単位として20万円までの範囲で自由に選べます。掛金はその総額が800万円になるまで積み立てられます。

　毎月支払う掛金は、法人の場合は損金、個人の場合は必要経費に算入できます。

　取引先の倒産により連鎖倒産から中小企業を守ることが、この倒産防止共済の目的です。法人成りの場合には、実質的に事業は継続していますので、条件を満たしていれば、法人が個人事業時代の共済契約者の地位を引き継ぐことができます。

第3章　個人事業の廃業

個人事業時代の共済契約者の地位を引き継ぐためには、どのような条件があるのでしょうか。法人成りした法人が、次の4つの条件を満たすことが必要です。

❶	中小企業者であること
❷	加入条件を満たしていること
❸	現契約における共済金や一時貸付金の返済及びこれらに関する違約金の支払いの義務を引き受けること
❹	事由が生じてから3ヶ月以内に申し出ること

◉ 加入条件

　❷の加入条件については、引き続き1年以上事業を行っている中小企業者で、中小機構が定める要件（「資本金の額または出資の総額」または「常時使用する従業員数」の条件など）に該当する法人が加入できます。

◉ 承継の手続きに必要な書類

1　中小機構の書類

- 契約承継申出書
- 掛金預金口座振替申出書（変更用）
- 重要事項確認書 兼 反社会的勢力の排除に関する同意書

2　添付書類

- 現共済契約者（個人事業主）の印鑑証明書：発行後3ヶ月以内の原本
- 新共済契約者（法人）の印鑑証明書：発行後3ヶ月以内の原本
- 商業登記簿謄本または履歴事項全部証明書：発行後3ヶ月以内の原本
- 共済契約締結証書

　❹の条件の申し出には期限がありますので注意が必要です。

4 事業税の見込み控除

見込額の計算は難しい

法人成りをした場合、個人事業の廃止として、その年1月1日から事業廃止日までの事業所得の計算をしますが、通常の事業所得の計算と異なる計算があります。

個▶ 所得税の事業所得の計算上、必要経費に算入される税金は、原則として、その年の12月31日までに、申告等により納付すべき税額が確定したものになります。

そこで、**個人事業税については**、法人成りをした場合、その年の12月31日までに税額が確定しない場合でも**事業税の見込額を、必要経費に計上することができます。**

■ **事業税の見込額**••

$$\frac{(A+B) \times R}{(1+R)} = 事業税の課税見込額$$

A・・・事業税の課税見込額を控除する前の当該年分の当該事業に係る所得の金額
B・・・事業税の課税標準の計算上Aの金額に加算し又は減算する金額（290万円の控除額など）
R・・・事業税の税率

　本年度の所得に基づいて算出した事業税の金額 $\{(A+B) \times R\}$ は翌年の必要経費に算入するのが通常の流れですので、通常の事業税の金額は本年度の必要経費には算入されていないことを前提とした事業税の金額となっています。

　しかし、本年度に支払う事業税を本年度の必要経費に算入することを前提として納付する事業税の見込額を算出するのであれば、通常の事業税の額を1として、事業税の税率をその1に加算した数値（分母）で通常の事業税の金額を除して計算することによって、必要経費を差し引いたことを前提として圧縮された事業税の見込額を算出することができるわけです。

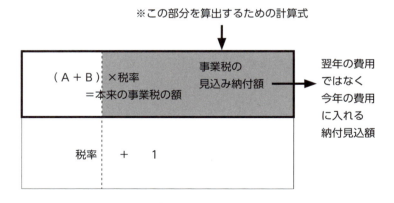

　ここは難しい箇所なので、算式にあてはめた金額を事業税の見込額として費用計上すればそれでよいと思います。

5 廃業に関するその他注意点

事業所得の計算で留意すべきその他の事項

　　事業税の見込控除のほか、その年1月1日から事業廃止日までの事業所得の計算において、留意すべき事項は他にもいくつかありますので、列挙しておきます。

■ 貸倒引当金は計上できない・・・・・・・・・・・・・・・・・・・・・・・・・・・・・・

　　青色申告者の場合は、通常、貸倒引当金を計上することができますが、引当金は将来の費用又は損失の見積計上の特例です。**事業廃止年分は、**次年度がないため、**引当金の計上はできません。**

■ 減価償却費は月数按分する・・・・・・・・・・・・・・・・・・・・・・・・・・・・・・

個 ▶ 減価償却費の計上は、その資産を事業供用して使用していたことによる必要経費となりますので、**その年1月1日から事業廃止日までの期間に対応するものを、月数按分により計算した金額**を必要経費に計上します。

■ 青色申告特別控除は月数按分しない・・・・・・・・・・・・・・・・・・・・・・・・

個 ▶ たとえ事業を廃止した場合であっても、暦年で計算することになっている**青色申告特別控除額は、月数按分せずに55万円、65万円又は10万円を控除することができます。**

第4章

会社設立時に
必要な書類と
提出期限

1 金銭出資

　この章では、会社の設立に関して、設立の仕方やその際に必要な書類について説明していきます。

　まずは、会社組織の全体的な枠組みや出資金、株主と役員の関係など、そのあたりのところも簡単に確認しておきましょう。

金銭出資に必要な書類と設立までの流れ

　会社を設立するには、まずは会社の資本金を決定して株主から出資金を払い込んでもらいます。この出資金が会社の資本金となります。

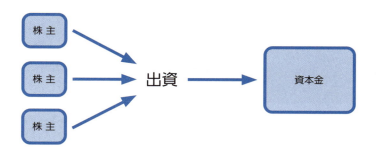

　このとき、会社を設立しようと思った人が『発起人』となります。
　発起人は主として会社の目的などが書いてある『定款』を作成して株主を募集します。発起人が自ら株主となってもかまいません。また発起人以外の第三者を出資者として株主にすることもできます。

　株主自身が発起人となる設立を『発起設立』、発起人以外の第三者に出資をしてもらい株式を引き受けてもらう設立を『募集設立』といいます。

大きな企業が協賛したプロジェクトなどにより会社を設立する場合には『募集設立』により少しでも多くの資本金を集めることもありますが、**個人事業主が法人成りをする場合には通常『発起設立』により会社を設立**します。

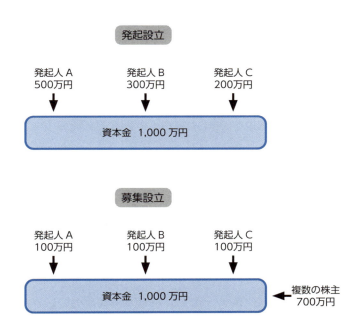

■ **金銭出資は金銭により払い込まれる設立の形態**・・・・・・・・・・・・・・・・・・・・・・

　設立時に払い込まれる出資金は、金銭の払込みにより受領する場合は『金銭出資』となります。出資金を金銭の払込みによらず、金銭以外の資産をもって払い込まれる場合は『現物出資』となります。

　通常は『金銭出資』により設立をする会社が多いです。

■ **会社の設立に必要な書類**・・・・・・・・・・・・・・・・・・・・・・・・・・・・・・・・・・・・

　法　金銭出資により会社を設立する際に必要となる書類には次のものがあります。

❶	資本金の払込み証明書
❷	発起人の決定書
❸	設立時役員の就任承諾書
❹	取締役全員の印鑑証明書
❺	株式会社設立登記申請書
❻	登録免許税の収入印紙を貼付した用紙（Ａ４）
❼	登記すべき事項を保存したＣＤ－Ｒ又はフロッピーディスク
❽	印鑑届出書

では次に、会社を設立するまでの時間的な流れについて確認しましょう。

■ 会社を設立するまでの流れ・・・・・・・・・・・・・・・・・・・・・・・・・・・・・・・・・・・・・・

　会社を設立するためには、登記に必要な書類を作成してから法務局で登記の申請をします。申請をしてからおおよそ３営業日から１週間くらいで登記が完了します。

　発起人は法務局で登記の申請をするまでにも、定款の作成をして公証人役場の認証を受けたりと様々なことをしなければいけません。また、発起設立の場合は発起人が定めた日などから２週間以内に、募集設立の場合は創立総会の終了日から２週間以内に登記の申請をしなければなりません。

これらの業務のうち❶から❿までは、**通常はその手続きも煩雑ですから、司法書士に手続きを代行してもらうのが一般的です。**そして、⓫についての税務関係の書類については我々税理士がその書類の作成や届け出の代行をします。

しかし、**労務関係の書類については**社会保険労務士がその代行業務をしていますが、法人成りの設立に際しては、規模が小さな会社が多いからでしょうか、**最初は自分でされる方が殆どです。**

❶	社名を決める
❷	会社の実印をつくる
❸	会社の定款をつくる
❹	定款の認証を受ける
❺	出資金の払い込み
❻	登記書類の作成
❼	登記の申請
❽	補正の確認
❾	登記完了
❿	登記事項証明書・印鑑証明書の交付を受ける
⓫	税務署等への届け出をする

登記するまでの上記の流れについても、公証役場や法務局などへ自分で出向いて、そのすべてを自分でしてしまう人もいます。

費用を節約するために自分でしてみるのもひとつなのかもしれませんが、**定款認証に関しては、印紙代がかかりますので逆に高くつくこともありますから、注意が必要です。**

では、次に上記の❶から❽までについて、もう少し詳しく解説をしておきます。

第4章　会社設立時に必要な書類と提出期限

143

❶ 社名を決める

　会社を設立したら、まず最初に会社の名前を決定します。最初に会社の名前が決まらなければ、会社の印鑑を作ることができませんし、登記に必要な書類の作成もすることができません。

　以前は「同一市町村内で同一目的の類似の商号は登記ができない」という類似商号の規制がありましたが、会社法が施行されてからは類似商号の規制はなくなりました。ただし、同じ目的を持った同じ社名の会社が近くにあると、思わぬトラブルに発展したりすることも想定できます。

　登記を申請しようとする法務局へ行けば商号調査は無料でできますので、当社で使用しようとする社名と紛らわしい名称の会社が近くに存在しないかどうかは確認しておいた方がよいでしょう。

❷ 会社の実印をつくる

　会社名が決まったら、会社の実印をつくります。

　会社の実印は「○○株式会社　代表取締役印」などと刻んであるもので、円の直径が1～3cm程度のものが一般的です。会社の実印は法務局に登録するために必要となります。

❸ 会社の定款をつくる

　定款は会社の組織や運営に関する事項がかかれた書類です。発起人は定款を作成して署名又は記名をして捺印します。定款への記載事項は『絶対的記載事項』『相対的記載事項』『任意的記載事項』の3種類のものがあります。

絶対的記載事項	会社法の規定により必ず記載しなければいけない次の事項となります。記載事項としては、 ●商号　●目的　●本店の所在地 ●設立に際して出資される財産の価額またはその最低額 ●発起人の氏名または名称及び住所 ●発行可能株式総数　があります。
相対的記載事項	定款に記載がなくても定款自体の効力は有効ですが、定款に記載が無い場合には、その記載事項の効力が認められない事項になります。 　記載事項として主なものには、 ●株式の譲渡制限に関する定め　●株券発行の定め ●取締役会、会計参与、監査役、監査役会、会計監査人、委員会、代表取締役の設置 ●取締役等の任期の短縮　●取締役等の任期の伸長 ●公告の方法　などがあります。
任意的記載事項	絶対的記載事項や相対的記載事項以外の事項で、定款外で定めてもよい事項ですが、定款に盛り込むことで内容が明確になるような事項を任意に記載することができます。「事業年度に関する定め」や「定時株主総会の議長の定め」などが該当します。

第4章　会社設立時に必要な書類と提出期限

❹ 定款の認証を受ける

　定款を作成したら、公証人役場で公証人の「認証」を受けます。

　定款の認証は、正当な手続きによって定款が作成されたことを公証人が証明します。この定款認証後、法務局へ設立登記の申請を行いますが、**公証人役場で認証を受けた定款でなければ法務局では受理されません**ので、この定款認証は必ず必要な手続きとなります。**なお、公証人役場へは発起人の全員で行くことになっています。**発起人のうちに行けない人がいる場合には委任状が必要になります。

❺ 出資金の払込み

　定款認証が終わるとすぐに出資金の払込みを行います。

　出資金の払込みは、発起人が定めた発起人の特定の個人口座に発起人の全員がそれぞれの出資額を振り込みます。この場合、発起設立であれば振込みがされた口座の通帳の写しまたは銀行の取引明細書に設立時代表取締役の証明書を登記申請書に添付しますが、募集設立の場合には金融機関で発行する株式払込金保管証明書が必要となります。

❻ 登記書類の作成

　出資金の払込みが完了したら、登記書類の作成をします。上記の出資金の払込みに使用した口座の通帳の写しなども、この登記書類の一部となります。

❼ 登記の申請

　登記の書類が作成できたら法務局で登記の申請をします。

　手続きは「商業・法人登記申請」です。この**申請をした日が会社の設立の日**となります。なお、法務局が休日の場合は申請ができません。

　設立日にこだわりがある場合には、注意が必要です。

❽ 補正の確認

　登記申請の審査が終了すると、登記の完了となります。

　補正日までに、補正通知が届かなければ、申請した会社の設立登記が完了します。補正がある場合には、必要な箇所を修正します。補正日が終了しているかどうかは、直接電話で問い合わせてもかまいません。

第４章　会社設立時に必要な書類と提出期限

2 現物出資

　現物出資は、金銭出資とは違って、資産をもって出資をする設立の形態となります。ここで現物出資する資産は、それなりに価値のあるものでなくてはなりませんので、その価値をどうみるのか、というところが、実務上では一番難しい論点となるのではないかと思われます。

現物出資には資産の価値を証明する書類が必要

　現物出資をする場合には、定款に現物出資の記載が必要となります。

　定款に記載する内容は、次の事項を記載しなければいけません。定款の記載事項としての種別は『相対的記載事項』に該当します。

❶	現物出資をする者の氏名又は名称
❷	現物出資の目的たる財産
❸	その価額
❹	出資者に対して与える設立時発行株式の数

■ 500万円以下の現物出資・・・・・・・・・・・・・・・・・・・・・・・・・・・・・・・・・・・

　500万円以下の現物出資については、登記申請の手続きをする中で、基本的に所有の根拠を示す書類を用意する必要はありません。しかし『内部証明書』が必要となります。

148

■ 内部証明書は市場価格である必要がある・・・・・・・・・・・・・・・・・・・・・・・・

　設立しようとする会社の設立時取締役による調査とその証明書を用意すれば500万円以下の現物出資をすることができます。

> 　この調査と証明書はあくまでも内部調査として実施したものであれば足りるものですから、「現物出資の価額が市場価額に照らして妥当である」という調査報告書を作成すればそれでよいことになります。
> 　しかし、たとえば、自動車などの減価償却資産であれば、減価償却の計算により、時の経過により価値が減価しているということから残存価値を計算することは可能ですが、そういった方法ではなく、あくまでも「市場価格」を参考にしなければいけません。
> 　たとえば、600万円の自動車であれば、新車購入して1年経つと減価償却資産としての残存価値は500万円（6年の耐用年数により計算）になりますが、市場価格としての価値はもっと低い価額になることが想定できます。
> 　中古車市場では、初年度登録の年式や走行距離、グレードやオプションなどにより、自動車の市場価格としての相場がそれぞれにありますので、そういった価格を参考にして出資資産の金額を決定しなければいけませんので、注意が必要です。

■ 設立時取締役の調査報告書以外に必要な書類・・・・・・・・・・・・・・・・・・・・・

　現物出資資産が不動産の場合は、不動産鑑定士による鑑定証明書、税理士による適正価格証明書などが必要となります。また、所有権移転登記が必要となりますので不動産の登記書類が必要となります。

　美術品などでも価格がわかりにくいものであれば、鑑定士による鑑定書が必要になります。

　自動車を現物出資する場合には、名義変更届けが必要となります。

■ 500万円を超える現物出資は外部調査が必要となる・・・・・・・・・・・・・・・・・

　現物出資額が500万円を超える場合には、裁判所が選任した検査役の調査

が必要となります。この検査役は弁護士や公認会計士が選任されます。これらの検査役の調査には、ある程度の日数と日数に応じた調査費用がかかりますので注意が必要です。

■ 検査役の選任・・・

　複数の株主がいるなど、他の株主との間で不公平を生じることが想定される現物出資である場合には、現物出資をする財産の評価について、本店所在地の裁判所で検査役の選任を申し立てることができます。裁判所は弁護士や公認会計士を検査役として選任しますが、検査役の調査には検査役として選任された弁護士や公認会計士に対する報酬の費用がかかります。また、調査のために数ヶ月の時間を要しますので、検査役の選任が必要となるような現物出資は避けるべき選択となります。

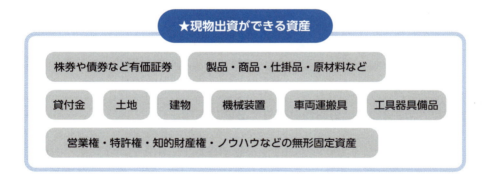

　500万円を超える現物出資は、時間と労力がかかります。

　『法人成り』という規模が小さな設立を想定した場合には、500万円を超える現物出資は、やはり現実的ではない出資の形態であると思います。事業用資産を法人に引き継ぐ手段として、その価値の評価がしやすいものがあるのであれば、500万円以下の範囲内でする現物出資であればまだ現実的だと思います。

3 会社設立時に必要な書類と提出期限

　会社を設立したら、法人税や住民税の申告義務が課せられます。

　これらの申告や税金の納付について、円滑に行政の手続きが進められるように、法人設立届出書や、各種申請書などを国や地方公共団体へ届け出る手続きが必要になります。

　これらの届出書や申請書は必須のものと任意のものがあります。

法人設立届出書

　会社を設立してから2ヶ月以内に、『法人設立届出書』を納税地の所轄税務署長へ提出します。資本金が1億円以上の法人の場合は2通提出します。この届出書には他にも添付書類があり、それらとあわせて提出します。

　法人設立届出書については、国税庁において決まったフォームが用意されています。

　しかし、それ以外の書類については、どのような体裁でもかまいません。

　次の添付書類のうち、通常は❶、❷、❸、❺を提出します。❹の設立趣意書については、法人で作成していれば添付します。

▼ 添付書類

❶	定款等の写し（コピー）
❷	登記事項証明書（履歴事項全部証明書）又は登記簿謄本
❸	株主等の名簿の写し（コピー）
❹	設立趣意書
❺	設立の時における貸借対照表
❻	合併により法人を設立した場合における合併契約書の写し（コピー）
❼	分割により法人を設立した場合における分割計画書の写し（コピー）

株主名簿

株式会社fstuttgart　　　　　　　　　　　　　令和XX年6月4日現在

本店所在地　：　大阪市淀川区新北野1丁目11番15号
事業年度　　：　6/1～5/31　資本金　：　3,000,000円

発行可能株式総数：240株　発行済株式総数：60株

氏　名	住　　　　　　所	役職等	株数
小谷 羊太	大阪市北区中津2丁目8番C-727号	代表取締役	60
		合　計	60

貸借対照表

株式会社fstuttgart　　　　　　　　　　　　　令和XX年6月4日現在
代表取締役　小谷羊太　　　　　　　　　　　　　　　（単位：円）

資産の部		負債の部	
現金及び預金	3,000,000	負債合計	0
		純資産の部	
		資本金	3,000,000
		純資産合計	3,000,000
資産合計	3,000,000	負債・純資産合計	3,000,000

法 人 設 立 届 出 書

税務署受付印

※ 整 理 番 号

令和　　年　月　日	本店又は主たる事務所の所在地　　〒 　　　　　　　　　　　　　電話（　　）　　—
	納　税　地　　〒
税 務 署 長 殿	（フリガナ） 法　人　名
	法　人　番　号
新たに内国法人を設立したので届け出ます。	（フリガナ） 代 表 者 氏 名
	代 表 者 住 所　　〒 　　　　　　　　　　　　　電話（　　）　　—

設 立 年 月 日	令和　　年　　月　　日	事 業 年 度	（自）　　月　　日（至）　　月　　日
設立時の資本金又は出資金の額	円	消費税の新設法人に該当することとなった事業年度開始の日	令和　　年　　月　　日

事業の目的	（定款等に記載しているもの）	支店・出張所・工場等	名　称	所 在 地
	（現に営んでいる又は営む予定のもの）			

設 立 の 形 態	1　個人企業を法人組織とした法人である場合（　　　　　　税務署）（整理番号：　　　　　） 2　合併により設立した法人である場合 3　新設分割により設立した法人である場合（□分割型・□分社型・□その他） 4　現物出資により設立した法人である場合 5　その他（　　　　　　　　　）

設立の形態が2～4である場合の適格区分	適　格・その他	添付書類	1　定款等の写し 2　その他 （　　　　　　　　　）
事業開始（見込み）年月日	令和　　年　　月　　日		
「給与支払事務所等の開設届出書」提出の有無	有　・　無		
関与税理士	氏　名		
	事務所所在地　　　　電話（　　）　　—		

税 理 士 署 名	

※税務署処理欄	部門	決算期	業種番号	番号	入力	名簿	通信日付印	年 月 日	確認

地方公共団体へ提出する書類

　都道府県と市町村へ上記❶、❷を添付してそれぞれ提出します。なお、会社の所在地が東京都にある場合には、東京都へのみ上記と同じものを添付して提出します。

　設立届出書は各地方公共団体においてフォームが用意されていますので、その様式を使用してもかまいません。また、❷の登記事項証明書については、コピーでも受け付けることがありますので、事前に問い合わせて確認することをお勧めします。

■ 株主名簿・・

　株主名簿には、株主の名前、住所、それぞれの続柄などを書けばそれでよいので、簡易な書式で提出します。

　株主がたくさんいる場合には、筆頭株主との続柄や役職、株数などを記載しておくと便利です。

　税務署へ提出する株主名簿は、次の必要事項を記載した様式で提出するようになっています。

❶	氏名、名称
❷	❶の者の住所、所在地
❸	株数又は口数
❹	金額
❺	役職名及び当該法人の役員又は、他の株主等との関係

■ 設立の時における貸借対照表・・・・・・・・・・・・・・・・・・・・・・・・・・・・・・・・

次に貸借対照表も、簡易なもので十分です。

貸借対照表　（令和○年○月○日現在）

現金預金	1,000万円	資　本　金	1,000万円
	1,000万円		1,000万円

　資本金に組み入れなかった金額があれば、その金額は次のように資本準備金として書くことになります。

貸借対照表　（令和○年○月○日現在）

現金預金	1,000万円	資　本　金	800万円
		資本準備金	200万円
	1,000万円		1,000万円

　貸借対照表に記載する日付は、設立日を記載します。資本金の払込日などではありませんので、注意が必要です。

▼ その他の届出書、申請書

❶	青色申告の承認申請書
❷	給与支払事務所等の開設・移転・廃止届出書
❸	源泉所得税の納期の特例の承認に関する申請書
❹	減価償却資産の償却方法の届出書
❺	棚卸資産の評価方法の届出書
❻	消費税の新設法人に該当する旨の届出書
❼	消費税簡易課税制度選択届出書
❽	消費税課税事業者選択届出書

■ 青色申告の承認申請書

　青色申告制度は、複式簿記による帳簿書類の備え付け、正確な記帳を奨励するために、様々な特典を付与する制度です。

> 青色申告の特典を受けたければ、青色申告によって申告書を提出しようとする事業年度開始の日の前日までに『青色申告の承認申請書』を納税地を所轄する税務署長に提出して、その承認を受けなければなりません。

■ 申請して承認を受ける

　青色申告の承認申請書を納税地の所轄税務署長に提出して、その承認を受けます。

　なお、この承認は自動承認制度となっていますので、税務署から特別に却下などの処分がない限り、そのまま青色申告の承認を受けることとなります。

156

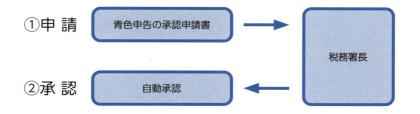

■ 青色申告の承認申請書

　原則として、青色申告によって申告書を提出しようとする事業年度開始の日の前日までに申請書を提出します。つまり、×3年4/1からの事業年度について青色申告の承認を受けようと思えば、×3年3/31までに申請書を提出する必要があります。

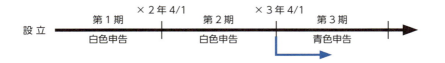

　会社を設立した場合には、事業年度開始の日の前日には、まだ法人ができていないので、事業年度開始の日の前日までに申請書を提出することが不可能となってしまいます。

　そのような場合には、設立の日以後3ヶ月を経過した日と設立第1期の事業年度終了の日とのうちいずれか早い日の前日までに『青色申告の承認申請書』を提出すればよいことになっています。

- ⊙（11/5）設立の場合
    - →『3ヶ月を経過した日（2/5）』
    - →『事業年度終了の日（3/31）』
    - のいずれか早い日（2/5）の前日（2/4）が提出期限となる

- ⊙（1/4）設立の場合
    - →『3ヶ月を経過した日（4/4）』
    - →『事業年度終了の日（3/31）』
    - のいずれか早い日（3/31）の前日（3/30）が提出期限となる

※設立の日は、法務局で登記が受け付けられた日が、その法人の設立の日となりますので、公官庁が休日や祝日である場合には、その日は法人の設立はできません。
なお、申請書類などの提出期限が休日や祝日である場合には、その休日や祝日の翌日である平日が提出期限とされます。

　青色申告の特典については、多くのものがありますので、通常はほとんどの会社がこの青色申告の承認申請書を提出することになります。

　なお、国税庁の資料によると、平成14年の法人数は2,896,494件でそのうち青色申告法人は2,602,258件、つまり89.8％の法人が青色申告法人となっています。

　青色申告法人は、帳簿を備え付けていたり、期限内に納税申告をキッチリとすることを前提として認められるものですので、対外的な信用に繋がるものとなります。むしろ日本の経済では、法人については、青色申告であることが普通のこととなっていますので、青色申告をしていないと信用されないという習慣さえあります。

▼ 青色申告の特典

❶	青色欠損金の10年間の繰越控除
❷	欠損金の繰戻し還付
❸	一定資産を取得した場合の特別償却・割増償却
❹	一定資産を取得した場合の特別控除
❺	少額減価償却資産の損金算入の特例　ほか

第4章 会社設立時に必要な書類と提出期限

税務署受付印	青色申告の承認申請書	※整理番号	

		納　税　地	〒 電話（　　）　　－
		（フリガナ）	
令和　年　月　日		法　人　名　等	
		法　人　番　号	
		（フリガナ）	
		代 表 者 氏 名	
		代 表 者 住 所	〒
		事　業　種　目	業
税務署長殿		資 本 金 又 は 出 資 金 額	円

自令和　年　月　日
　　　　　　　　　　　　事業年度から法人税の申告書を青色申告書によって提出したいので申請します。
至令和　年　月　日

記

1　次に該当するときには、それぞれ□にレ印を付すとともに該当の年月日等を記載してください。
　　□　青色申告書の提出の承認を取り消され、又は青色申告書による申告書の提出をやめる旨の届出書を提出した後に
　　　再び青色申告書の提出の承認を申請する場合には、その取消しの通知を受けた日又は取りやめの届出書を提出した
　　　日　　　　　　　　　　　　　　　　　　　　　　　　　　　　　　　　　　　　平成・令和　　年　　月　　日

　　□　この申請後、青色申告書を最初に提出しようとする事業年度が設立第一期等に該当する場合には、内国法人であ
　　　る普通法人若しくは協同組合等にあってはその設立の日、内国法人である公益法人等若しくは人格のない社団等に
　　　あっては新たに収益事業を開始した日又は公益法人等（収益事業を行っていないものに限ります。）に該当していた
　　　普通法人若しくは協同組合等にあっては当該普通法人若しくは協同組合等に該当することとなった日
　　　　　　　　　　　　　　　　　　　　　　　　　　　　　　　　　　　　　　　平成・令和　　年　　月　　日

　　□　所得税法等の一部を改正する法律（令和2年法律第8号）（以下「令和2年改正法」といいます。）による改正前
　　　の法人税法（以下「令和2年旧法人税法」といいます。）第4条の5第1項（連結納税の承認の取消し）の規定によ
　　　り連結納税の承認を取り消された後に青色申告書の提出の承認を申請する場合には、その取り消された日
　　　　　　　　　　　　　　　　　　　　　　　　　　　　　　　　　　　　　　　平成・令和　　年　　月　　日

　　□　令和2年旧法人税法第4条の5第2項各号の規定により連結納税の承認を取り消された場合には、同項各号のう
　　　ち、取消しの基因となった事実に該当する号及びその事実が生じた日
　　　　　　　　　　　　　　　　　　　　　　　　　令和2年旧法人税法第4条の5第2項第　　　号
　　　　　　　　　　　　　　　　　　　　　　　　　　　　　　　　　　　　　　　平成・令和　　年　　月　　日

　　□　連結納税の取りやめの承認を受けた日を含む連結親法人事業年度の翌事業年度に青色申告書の提出をしようとす
　　　る場合には、その承認を受けた日　　　　　　　　　　　　　　　　　　　　　　令和　　年　　月　　日

　　□　令和2年改正法附則第29条第2項の規定による届出書を提出した日を含む最終の連結事業年度の翌事業年度に
　　　青色申告書の提出をしようとする場合には、その届出書を提出した日　　　　　　令和　　年　　月　　日

2　参考事項
　(1)　帳簿組織の状況

伝 票 又 は 帳 簿 名	左の帳簿 の 形 態	記帳の 時　期	伝 票 又 は 帳 簿 名	左の帳簿 の 形 態	記帳の 時　期

　(2)　特別な記帳方法の採用の有無
　　　イ　伝票会計採用
　　　ロ　電子計算機利用

　(3)　税理士が関与している場合におけるその関与度合

税 理 士 署 名	

※税務署 処理欄	部 門	決算 期	業種 番号	番 号	入 力	備 考	通信 日付印	年 月 日	確認

■ 帳簿書類の保存義務と保存期間

　法人は、帳簿を備え付けてその取引を記録します。そして、その取引に関して作成又は受領した書類を合わせて「帳簿書類」といいますが、その帳簿書類を起算日から7年間保存しなければなりません。

> 起算日とは、帳簿についてはその閉鎖の日の属する事業年度終了の日の翌日から2ヶ月を経過した日をいい、書類についてはその作成又は受領の日の属する事業年度終了の日の翌日から2ヶ月を経過した日をいいます。

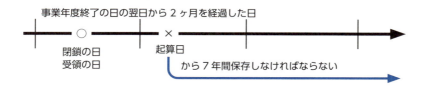

■ 改正による保存期間の推移

　なお、平成23年12月税制改正により青色申告書を提出した事業年度の欠損金の繰越期間が9年とされたことに伴って、平成20年4月1日以後に終了した欠損金の生じた事業年度においては、帳簿書類の保存期間が9年間に延長されました。

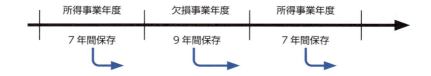

　そして、平成27年度税制改正で、平成30年4月1日以後に開始する欠損金額の生ずる事業年度において、帳簿書類の保存期間は10年間に延長されました。

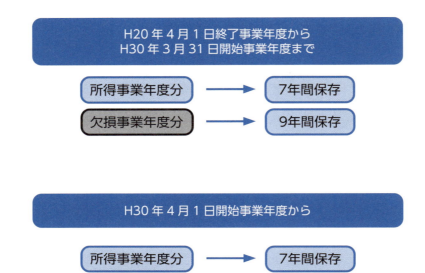

【帳簿の例】
総勘定元帳、仕訳帳、現金出納帳、売掛金元帳、買掛金元帳、固定資産台帳、売上帳、仕入帳など。

【書類の例】
棚卸表、貸借対照表、損益計算書、注文書、契約書、領収書など。

給与支払事務所等の開設・移転・廃止届出書

　会社が給与や報酬料金の支払いをする場合には、支払う相手が負担する源泉所得税をその支払い額から徴収して国に納付しなければなりません。

　給与支払事務所等を開設した場合には、その開設した日から1ヶ月以内に『給与支払事務所等の開設・移転・廃止届出書』を納税地の所轄税務署長に提出しなければなりません。

源泉所得税の納期の特例の承認に関する申請書

　源泉徴収した所得税は原則として徴収した日の翌月10日が納付期限です。

　しかし、従業員等の給与の支給人員が10名未満の会社は、1月分から6月分を7月10日に、7月分から12月分を翌年1月20日に納付することができます。

　この特例は、『源泉所得税の納期の特例の承認に関する申請書』の提出をした日の翌月分から適用になります。

> 例）申請書を7月9日に提出した場合
> 　8月徴収分（通常9月10日納付期限分）　→　翌年1月20日納付期限

	※整理番号	

給与支払事務所等の開設・移転・廃止届出書

税務署受付印

令和　　年　　月　　日

税務署長殿

所得税法第230条の規定により次の
とおり届け出ます。

事務所開設者	住所又は本店所在地	〒
		電話（　　　　）　　　－
	（フリガナ）	
	氏名又は名称	
	個人番号又は法人番号	↓個人番号の記載に当たっては、左端を空欄とし、ここから記載してください。
	（フリガナ）	
	代表者氏名	

(注)　「住所又は本店所在地」欄については、個人の方については申告所得税の納税地、法人については本店所在地（外国法人の場合には国外の本店所在地）を記載してください。

開設・移転・廃止年月日	令和　　年　　月　　日	給与支払を開始する年月日	令和　　年　　月　　日

○届出の内容及び理由
（該当する事項のチェック欄□に✔印を付してください。）

		「給与支払事務所等について」欄の記載事項	
		開設・異動前	異動後
開設	□ 開業又は法人の設立		
	□ 上記以外　※本店所在地等とは別の所在地に支店等を開設した場合	開設した支店等の所在地	
移転	□ 所在地の移転	移転前の所在地	移転後の所在地
	□ 既存の給与支払事務所等への引継ぎ（理由）□ 法人の合併　□ 法人の分割　□ 支店等の閉鎖　□ その他（　　　　　　　）	引継ぎをする前の給与支払事務所等	引継先の給与支払事務所等
廃止	□ 廃業又は清算結了　□ 休業		
その他（　　　　　　　　　　　）		異動前の事項	異動後の事項

○給与支払事務所等について

	開設・異動前	異動後
（フリガナ）		
氏名又は名称		
住所又は所在地	〒　　　　電話（　　　）　　－	〒　　　　電話（　　　）　　－
（フリガナ）		
責任者氏名		

従事員数	役員　　　人	従業員　　　人	（　　　）人	（　　　）人	（　　　）人	計　　　人

（その他参考事項）

税理士署名	

※税務署処理欄	部門	決算期	業種番号等	入力	名簿等	用紙交付	通信日付印	年月日	確認
	番号確認　身元確認□ 済□ 未済	確認書類個人番号カード／通知カード・運転免許証その他（　　　　）							

源泉所得税の納期の特例の承認に関する申請書

※整理番号

税務署受付印

令和　　年　　月　　日

税務署長殿

住 所 又 は 本 店 の 所 在 地	〒 　　　電話　　　－　　　－
（フリガナ）氏 名 又 は 名 称	
法 人 番 号	※個人の方は個人番号の記載は不要です。
（フリガナ）代 表 者 氏 名	

　次の給与支払事務所等につき、所得税法第 216 条の規定による源泉所得税の納期の特例についての承認を申請します。

給 与 支 払 事 務 所 等 に 関 す る 事 項	給与支払事務所等の所在地　※　申請者の住所（居所）又は本店（主たる事務所）の所在地と給与支払事務所等の所在地とが異なる場合に記載してください。	〒 　　　電話　　　－　　　－		
	申請の日前 6 か月間の各月末の給与の支払を受ける者の人員及び各月の支給金額〔外書は、臨時雇用者に係るもの〕	月 区 分	支 給 人 員	支 給 額
		年　　月	外　　　　　　人	外　　　　　　円
		年　　月	外　　　　　　人	外　　　　　　円
		年　　月	外　　　　　　人	外　　　　　　円
		年　　月	外　　　　　　人	外　　　　　　円
		年　　月	外　　　　　　人	外　　　　　　円
		年　　月	外　　　　　　人	外　　　　　　円
	1　現に国税の滞納があり又は最近において著しい納付遅延の事実がある場合で、それがやむを得ない理由によるものであるときは、その理由の詳細2　申請の日前 1 年以内に納期の特例の承認を取り消されたことがある場合には、その年月日			

税 理 士 署 名	

※税務署処理欄	部門	決 算 期	業種番号	番号	入力	名簿	通 信日付印	年 月 日	確認	

減価償却資産の償却方法の届出書

　設立第1期の確定申告書の提出期限までに減価償却資産の償却方法を選定して届け出ます。

棚卸資産の評価方法の届出書

　設立第1期の確定申告書の提出期限までに棚卸資産の評価方法を選定して届け出ます。

有価証券の一単位当たりの帳簿価額の算出方法の届出書

　法人が有価証券を取得した場合には、『有価証券の一単位当たりの帳簿価額の算出方法の届出書』を納税地の所轄税務署長に届け出ます。

　なお、この届出書の提出期限は、有価証券を取得した日の属する事業年度（必ずしも、設立第1期とは限りません。）の確定申告書の提出期限までです。

減価償却資産の償却方法の届出書

※整理番号

税務署受付印

令和　年　月　日

納　税　地	〒 電話（　）　―
（フリガナ）	
法　人　名　等	
法　人　番　号	
（フリガナ）	
代　表　者　氏　名	
代　表　者　住　所	〒
事　業　種　目	業

税務署長殿

（届出の対象が連結子法人である場合に限り記載）連結子法人

（フリガナ） 法　人　名　等	
本店又は主たる 事務所の所在地	〒　　　（　局　署） 電話（　）　―
（フリガナ） 代　表　者　氏　名	
代　表　者　住　所	〒
事　業　種　目	業

※税務署処理欄

整理番号	
部　門	
決算期	
業種番号	
整理簿	
回付先	□ 親署 ⇒ 子署 □ 子署 ⇒ 調査課

減価償却資産の償却方法を下記のとおり届け出ます。

記

資産、設備の種類	償却方法	資産、設備の種類	償却方法
建　物　附　属　設　備			
構　　　築　　　物			
船　　　　　　　舶			
航　　　空　　　機			
車　両　及　び　運　搬　具			
工　　　　　　　具			
器　具　及　び　備　品			
機　械　及　び　装　置			
（　　　）　設備			
（　　　）　設備			

参考事項	1　新設法人等の場合には、設立等年月日 2　その他	令和　年　月　日

税　理　士　署　名	

※税務署 処理欄	部門	決算期	業種番号	番号	整理簿	備考	通信 日付印	年　月　日	確認	

棚卸資産の評価方法の届出書

※整理番号

税務署受付印

令和　年　月　日

納　税　地	〒 電話（　　）　－
（フリガナ） 法　人　名　等	
法　人　番　号	
（フリガナ） 代　表　者　氏　名	
代　表　者　住　所	〒
事　業　種　目	業

税務署長殿

連結子法人（届出の対象が連結子法人である場合に限り記載）

（フリガナ） 法　人　名　等	
本店又は主たる 事務所の所在地	〒　　　　　　　　（　　局　署） 電話（　　）　－
（フリガナ） 代　表　者　氏　名	
代　表　者　住　所	〒
事　業　種　目	業

※税務署処理欄

整理番号	
部　門	
決算期	
業種番号	
整理簿	
回付先	□　親署 ⇒ 子署 □　子署 ⇒ 調査課

棚卸資産の評価方法を下記のとおり届け出ます。

記

事業の種類（又は事業所別）	資　産　の　区　分	評　価　方　法
	商　品　又　は　製　品	
	半　　製　　品	
	仕掛品（半成工事）	
	主　要　原　材　料	
	補　助　原　材　料 そ の 他 の 棚 卸 資 産	

参考事項	1　新設法人等の場合には、設立等年月日　　　　　　　　　　　令和　年　月　日 2　新たに他の種類の事業を開始した場合又は事業の種類を変更した場合には、開始又は変更の年月日 　　　　　　　　　　　　　　　　　　　　　　　　　　　　令和　年　月　日 3　その他

税　理　士　署　名	

※税務署 処理欄	部門	決算 期	業種 番号	番号	整理 簿	備考	通信 日付印	年 月 日	確認	

有価証券の一単位当たりの帳簿価額の算出方法の届出書

税務署受付印

※整理番号

令和　年　月　日

納　税　地	〒 電話（　　）　　－
（フリガナ）	
法　人　名　等	
法　人　番　号	
（フリガナ）	
代　表　者　氏　名	
代　表　者　住　所	〒
事　業　種　目	業

税務署長殿

連結子法人 （届出の対象が連結子法人である場合に限り記載）	（フリガナ）				※税務署処理欄	整理番号	
	法　人　名　等					部　　門	
	本店又は主たる事務所の所在地	〒　　　　（　　局　　署） 電話（　　）　　－				決算期	
	（フリガナ）					業種番号	
	代　表　者　氏　名					整理簿	
	代　表　者　住　所	〒					
	事　業　種　目			業		回付先	□ 親署 ⇒ 子署 □ 子署 ⇒ 調査課

有価証券の一単位当たりの帳簿価額の算出方法を下記のとおり届け出ます。

区分	種　　　類	算　出　方　法	新たに取得した年月日
売買目的有価証券		移動平均法　・　総平均法	年　　月　　日
		移動平均法　・　総平均法	年　　月　　日
満期保有目的等有価証券		移動平均法　・　総平均法	年　　月　　日
		移動平均法　・　総平均法	年　　月　　日
		移動平均法　・　総平均法	年　　月　　日
その他有価証券		移動平均法　・　総平均法	年　　月　　日
		移動平均法　・　総平均法	年　　月　　日
参考事項			

税理士署名	

※税務署処理欄	部門	決算期	業種番号	番号	整理簿	備考	通信日付印　年月日	確認	

消費税の新設法人に該当する旨の届出書

　基準期間がない事業年度の開始の日における資本金の額又は出資の金額が1,000万円以上である法人（消費税の新設法人）に該当することとなった場合には、『消費税の新設法人に該当する旨の届出書』を納税地を所轄する税務署長に提出します。

　ただし、『法人設立届出書』に消費税の新設法人に該当する旨及び所定の記載事項を記載して提出した場合には、この届出書の提出は不要です。

消費税簡易課税制度選択届出書

　消費税の課税制度について、簡易課税制度を選択しようとする場合には、『消費税簡易課税制度選択届出書』をその適用を受けようとする課税期間の初日の前日までに納税地の所轄税務署長に提出します。

　なお、簡易課税制度を選択しようとする課税期間が、事業を開始した日の属する課税期間である場合には、その課税期間中に提出します。

　また、簡易課税制度を選択した場合でも、基準期間の課税売上高が5,000万円を超える課税期間については、簡易課税制度を適用することはできません。

　調整対象固定資産や高額特定資産の仕入れ等をした場合には、この届出書を提出できない場合がありますので注意が必要です。

第10-(2)号様式

消費税の新設法人に該当する旨の届出書

収受印				
令和　　年　　月　　日	届 出 者	（フリガナ）		
		納　税　地	（〒　　－　　）	（電話番号　　　－　　　－　　　）
		（フリガナ）		
		本 店 又 は 主たる事務所 の 所 在 地	（〒　　－　　）	（電話番号　　　－　　　－　　　）
		（フリガナ）		
		名　　称		
		法 人 番 号		
		（フリガナ）		
		代表者氏名		
税務署長殿		（フリガナ）		
		代表者住所		（電話番号　　　－　　　－　　　）

　　下記のとおり、消費税法第12条の2第1項の規定による新設法人に該当することとなったので、
消費税法第57条第2項の規定により届出します。

消 費 税 の 新 設 法 人 に 該 当 す る こ と と な っ た 事 業 年 度 開 始 の 日	令和　　　　年　　　　　月　　　　　日		
上記の日における資本金の額又は出資の金額			
事 業 内 容 等	設立年月日	平成 令和　　　　年　　　　月　　　　日	
	事 業 年 度	自　　　月　　　日　至　　　月　　　日	
	事 業 内 容		
参 考 事 項	「消費税課税期間特例選択・変更届出書」の提出の有無【有（　・　・　）・無】		
税 理 士 署 名	（電話番号　　　－　　　－　　　）		

※ 税 務 署 処 理 欄	整理番号		部門番号		番号確認	
	届出年月日	年　　月　　日	入力処理	年　　月　　日	台帳整理	年　　月　　日

注意　1．裏面の記載要領等に留意の上、記載してください。
　　　2．税務署処理欄は、記載しないでください。

第9号様式

消費税簡易課税制度選択届出書

収受印				
令和　年　月　日	届出者	（フリガナ）		
		納　税　地	（〒　　－　　　） （電話番号　　　－　　　－　　　）	
		（フリガナ）		
		氏 名 又 は 名 称 及 び 代 表 者 氏 名		
＿＿＿＿＿＿税務署長殿		法 人 番 号	※個人の方は個人番号の記載は不要です。	

下記のとおり、消費税法第37条第1項に規定する簡易課税制度の適用を受けたいので、届出します。

☐ 消費税法施行令等の一部を改正する政令（平成30年政令第135号）附則第18条の規定により消費税法第37条第1項に規定する簡易課税制度の適用を受けたいので、届出します。

①	適用開始課税期間	自 令和　年　月　日　　至 令和　年　月　日
②	①の基準期間	自 令和　年　月　日　　至 令和　年　月　日
③	②の課税売上高	円

事 業 内 容 等	（事業の内容）	（事業区分） 第　　種事業

提 出 要 件 の 確 認	次のイ、ロ又はハの場合に該当する （「はい」の場合のみ、イ、ロ又はハの項目を記載してください。）			はい ☐　　いいえ ☐	
	イ	消費税法第9条第4項の規定により課税事業者を選択している場合	課税事業者となった日	令和　年　月　日	
			課税事業者となった日から2年を経過する日までの間に開始した各課税期間中に調整対象固定資産の課税仕入れ等を行っていない		はい ☐
	ロ	消費税法第12条の2第1項に規定する「新設法人」又は同法第12条の3第1項に規定する「特定新規設立法人」に該当する（該当していた）場合	設立年月日	令和　年　月　日	
			基準期間がない事業年度に含まれる各課税期間中に調整対象固定資産の課税仕入れ等を行っていない		はい ☐
	ハ	消費税法第12条の4第1項に規定する「高額特定資産の仕入れ等」を行っている場合（同条第2項の規定の適用を受ける場合）	A	仕入れ等を行った課税期間の初日	令和　年　月　日	
				この届出による①の「適用開始課税期間」は、高額特定資産の仕入れ等を行った課税期間の初日から、同日以後3年を経過する日の属する課税期間までの各課税期間に該当しない		はい ☐
		仕入れ等を行った資産が高額特定資産に該当する場合はAの欄を、自己建設高額特定資産に該当する場合は、Bの欄をそれぞれ記載してください。	B	仕入れ等を行った課税期間の初日	平成 令和　年　月　日	
				建設等が完了した課税期間の初日	令和　年　月　日	
				この届出による①の「適用開始課税期間」は、自己建設高額特定資産の建設等に要した仕入れ等に係る支払対価の額の累計額が1千万円以上となった課税期間の初日から、自己建設高額特定資産の建設等が完了した課税期間の初日以後3年を経過する日の属する課税期間までの各課税期間に該当しない		はい ☐
	※ 消費税法第12条の4第2項の規定による場合は、ハの項目を次のとおり記載してください。 1 「高額特定資産」を「調整対象自己建設高額資産」と読み替える。 2 「仕入れ等を行った」は、「消費税法第36条第1項又は第3項の規定の適用を受けた」と、「自己建設高額特定資産の建設等に要した仕入れ等に係る支払対価の額の累計額が1千万円以上となった」は、「調整対象自己建設高額資産について消費税法第36条第1項又は第3項の規定の適用を受けた」と読み替える。				
	※ この届出書を提出した課税期間が、上記イ、ロ又はハに記載の各課税期間である場合、この届出書提出後、届出を行った課税期間中に調整対象固定資産の課税仕入れ等又は高額特定資産の仕入れ等を行うと、原則としてこの届出書の提出はなかったものとみなされます。詳しくは、裏面をご確認ください。				

参 考 事 項	
税 理 士 署 名	（電話番号　　　－　　　－　　　）

※税務署処理欄	整理番号		部門番号			
	届出年月日	年　月　日	入力処理	年　月　日	台帳整理	年　月　日
	通信日付印 　年　月　日	確認	番号確認			

注意　1．裏面の記載要領等に留意の上、記載してください。
　　　2．税務署処理欄は、記載しないでください。

■ インボイス制度と新設法人 ・・・・・・・・・・・・・・・・・・・・・・・・・・・・・・・・・・

　免税事業者である新設法人が、設立時の事業開始時から、適格請求書発行事業者の登録を受けるためには、設立後、その課税期間の末日までに、「消費税課税事業者選択届出書」と「適格請求書発行事業者の登録申請書」を合わせて提出することが必要です。

● 消費税課税事業者選択届出書の提出

　新設法人の設立初年度は、原則として消費税の課税関係については免税事業者となっています。この場合、新設法人が設立初年度からインボイス制度の適格請求書発行事業者となるためには、その前提として消費税の課税事業者となっていることが必要となりますので、「消費税課税事業者選択届出書」を事業を開始した日の属する課税期間の末日までに、所轄税務署長へ提出する必要があります。「消費税課税事業者選択届出書」は原則としてその適用を受けようとする課税期間の初日の前日までに提出する必要がありますが、新設法人の場合はその設立時の課税期間中に提出をすれば事業を開始した日から課税事業者となることができることとなっています。

● 新設法人等の登録時期の特例

　そして次に、事業を開始した日の属する課税期間の初日から適格請求書発行事業者の登録を受けようとする旨を記載した「適格請求書発行事業者の登録申請書」を、事業を開始した日の属する課税期間の末日までに提出した場合において、税務署長により適格請求書発行事業者登録簿への登載が行われたときは、その課税期間の初日（設立課税期間の初日）に登録を受けたものとみなされます。

第1号様式

消費税課税事業者選択届出書

収受印

令和　年　月　日		（フリガナ）		
	届	納　税　地	（〒　　－　　） （電話番号　　　－　　　－　　　）	
		（フリガナ）		
		住所又は居所 （法人の場合） 本 店 又 は 主たる事務所 の 所 在 地	（〒　　－　　） （電話番号　　　－　　　－　　　）	
	出	（フリガナ）		
		名称（屋号）		
		個 人 番 号 又 は 法 人 番 号	↓ 個人番号の記載に当たっては、左端を空欄とし、ここから記載してください。	
	者	（フリガナ）		
		氏　　名 （法人の場合） 代 表 者 氏 名		
		（フリガナ）		
税務署長殿		（法人の場合） 代表者住所	（電話番号　　　－　　　－　　　）	

下記のとおり、納税義務の免除の規定の適用を受けないことについて、消費税法第9条第4項の規定により届出します。

適用開始課税期間	自 ○平成 ○令和　　年　　月　　日　至 ○平成 ○令和　　年　　月　　日		
上 記 期 間 の	自 ○平成 ○令和　　年　　月　　日	左記期間の 総 売 上 高	円
基 準 期 間	至 ○平成 ○令和　　年　　月　　日	左記期間の 課税売上高	円

事業内容等	生年月日（個人）又は設立年月日（法人）	1明治・2大正・3昭和・4平成・5令和 ○　　○　　○　　○　　○ 　　　　年　　月　　日	法人のみ記載	事 業 年 度	自　月　日　至　月　日
				資 本 金	円
	事 業 内 容		届出区分	事業開始・設立・相続・合併・分割・特別会計・その他 ○　　○　　○　　○　　○　　○　　○	

参 考 事 項		税理士署名	（電話番号　　　－　　　－　　　）

※税務署処理欄	整理番号		部門番号			
	届出年月日	年　月　日	入力処理	年　月　日	台帳整理	年　月　日
	通信日付印 　年　月　日	確認	番号確認	身元確認	□ 済 □ 未済	確認書類 個人番号カード／通知カード・運転免許証 その他（　　　　　）

注意　1．裏面の記載要領等に留意の上、記載してください。
　　　2．税務署処理欄は、記載しないでください。

第1−(1)号様式

国内事業者用

適格請求書発行事業者の登録申請書

【1／2】

収受印

令和　年　月　日		（フリガナ）		
		住 所 又 は 居 所 （ 法 人 の 場 合 ） 本 店 又 は 主 た る 事 務 所 の 所 在 地	（〒　　−　　） （法人の場合のみ公表されます） （電話番号　　　−　　　−　　　）
	申	（フリガナ）	
		納 税 地	（〒　　−　　） （電話番号　　　−　　　−　　　）
	請	（フリガナ）	◎
		氏 名 又 は 名 称	
	者	（フリガナ）	
		（ 法 人 の 場 合 ） 代 表 者 氏 名	
＿＿＿＿＿ 税務署長殿		法 人 番 号	

この申請書は、令和三年十月一日から令和五年九月三十日までの間に提出する場合に使用します。

　この申請書に記載した次の事項（◎印欄）は、適格請求書発行事業者登録簿に登載されるとともに、国税庁ホームページで公表されます。
1　申請者の氏名又は名称
2　法人（人格のない社団等を除く。）にあっては、本店又は主たる事務所の所在地
　なお、上記1及び2のほか、登録番号及び登録年月日が公表されます。
　また、常用漢字等を使用して公表しますので、申請書に記載した文字と公表される文字とが異なる場合があります。

　下記のとおり、適格請求書発行事業者としての登録を受けたいので、所得税法等の一部を改正する法律（平成28年法律第15号）第5条の規定による改正後の消費税法第57条の2第2項の規定により申請します。
　※　当該申請書は、所得税法等の一部を改正する法律（平成28年法律第15号）附則第44条第1項の規定により令和5年9月30日以前に提出するものです。

　令和5年3月31日（特定期間の判定により課税事業者となる場合は令和5年6月30日）までにこの申請書を提出した場合は、原則として令和5年10月1日に登録されます。

事 業 者 区 分	この申請書を提出する時点において、該当する事業者の区分に応じ、□にレ印を付してください。 　　□ 課税事業者　　　　　　　□ 免税事業者 ※ 次葉「登録要件の確認」欄を記載してください。また、免税事業者に該当する場合には、次葉「免税事業者の確認」欄も記載してください（詳しくは記載要領等をご確認ください。）。
令和5年3月31日（特定期間の判定により課税事業者となる場合は令和5年6月30日）までにこの申請書を提出することができなかったことにつき困難な事情がある場合は、その困難な事情	
税 理 士 署 名	 （電話番号　　　−　　　−　　　）

※税務署処理欄	整理番号		部門番号		申請年月日	年　月　日	通信日付印 　年　月　日	確認
	入力処理	年　月　日	番号確認		身元確認	□ 済 □ 未済	確認書類	個人番号カード／通知カード・運転免許証 その他（　　　　　　）
	登録番号	Ｔ						

注意　1　記載要領等に留意の上、記載してください。
　　　2　税務署処理欄は、記載しないでください。
　　　3　この申請書を提出するときは、「適格請求書発行事業者の登録申請書（次葉）」を併せて提出してください。

第1-(1)号様式次葉

国内事業者用

適格請求書発行事業者の登録申請書（次葉）

【2／2】

氏 名 又 は 名 称	

該当する事業者の区分に応じ、□にレ印を付し記載してください。

<table>
<tr><td rowspan="12">免税事業者の確認</td><td colspan="4">□ 令和5年10月1日から令和11年9月30日までの日の属する課税期間中に登録を受け、所得税法等の一部を改正する法律（平成28年法律第15号）附則第44条第4項の規定の適用を受けようとする事業者
※ 登録開始日から納税義務の免除の規定の適用を受けないこととなります。</td></tr>
<tr><td>個 人 番 号</td><td></td><td></td><td></td></tr>
<tr><td rowspan="3">事業内容等</td><td>生 年 月 日 （個
人） 又 は 設 立
年 月 日 （法人）</td><td>1明治・2大正・3昭和・4平成・5令和

年　　　月　　　日</td><td rowspan="2">法人のみ記載</td><td>事 業 年 度
自　　月　　日
至　　月　　日</td></tr>
<tr><td>資 本 金
円</td></tr>
<tr><td>事 業 内 容</td><td></td><td>登録希望日
令和　　年　　月　　日
(令和5年10月1日を希望する場合、記載不要)</td></tr>
<tr><td colspan="4">□ 消費税課税事業者（選択）届出書を提出し、納税義務の免除の
規定の適用を受けないこととなる課税期間の初日から登録を受け
ようとする事業者</td></tr>
<tr><td colspan="3">課 税 期 間 の 初 日
※ 令和5年10月1日から令和6年3月31日
までの間のいずれかの日
令和　　年　　月　　日</td></tr>
</table>

		はい・いいえ
登録要件の確認	課税事業者です。 ※ この申請書を提出する時点において、免税事業者であっても、「免税事業者の確認」欄のいずれかの事業者に該当する場合は、「はい」を選択してください。	□ はい　□ いいえ
	納税管理人を定める必要のない事業者です。 （「いいえ」の場合は、次の質問にも答えてください。）	□ はい　□ いいえ
	納税管理人を定めなければならない場合（国税通則法第117条第1項） 【個人事業者】 国内に住所及び居所（事務所及び事業所を除く。）を有せず、又は有しないこととなる場合 【法人】 国内に本店又は主たる事務所を有しない法人で、国内にその事務所及び事業所を有せず、又は有しないこととなる場合	
	納税管理人の届出をしています。 「はい」の場合は、消費税納税管理人届出書の提出日を記載してください。 消費税納税管理人届出書 （提出日：令和　　年　　月　　日）	□ はい　□ いいえ
	消費税法に違反して罰金以上の刑に処せられたことはありません。 （「いいえ」の場合は、次の質問にも答えてください。）	□ はい　□ いいえ
	その執行を終わり、又は執行を受けることがなくなった日から2年を経過しています。	□ はい　□ いいえ
参考事項		

この申請書は、令和三年十月一日から令和五年九月三十日までの間に提出する場合に使用します。

4 許認可

許可無く勝手に事業活動を行うことができない業種がある

　事業を営むにあたって許認可が必要な業種があります。

　許認可が必要な業種はいろいろあり、代表的なものとして、建設業、飲食業、理容・美容業、運送業などがあります。

　これらの業種は、許可無く勝手に事業活動を行うことができず、監督官庁からの許認可を取得する必要があります。

　その手続きや要件も、各種の許認可によって大きな違いがあります。たとえば、2以上の都道府県で営業する場合、政令市において営業する場合など、その営業の規模、形態によって手続きする官庁が異なることがあります。

　詳細はそれぞれの許認可を管轄する監督官庁へ問い合わせるなど、事前確認が必要です。

業種	主な手続き官庁
建設業	都道府県
宅地建物取引業	
産業廃棄物収集運搬業	
産業廃棄物処理業	
飲食業	保健所
食品関係の営業	
理容・美容業	
酒類販売業	税務署
古物商	警察署
運送業	運輸局

これらの許認可は、個人事業者と法人によって、異なることがあります。

介護事業など個人事業主では営業できない業種もありますが、ほとんどの業種が個人事業主または法人の区分を問わず、適切に許認可を取得すれば営業は可能です。

しかし、具体的な許認可の手続きにおいては、個人事業者と法人によって必要書類などが異なってきます。

また、個人事業者として取得した許認可は、法人成りの際に引き継げないものが多々あります。

たとえば、建設業は、個人事業者の建設業許可は属人的なものになり、法人成りした場合は、そのまま法人に許可を引き継ぐことができず、設立した法人で建設業許可を新たに取得する必要があります。

法人成りの際の許認可の手続きとしては、個人事業者の「廃業届」の後、法人の「新規申請」をすることとなります。

飲食業も同様に、個人事業者の営業許可を、法人成りによって設立した法人に引き継ぐことはできません。

許認可については、原則として属人的なものになるため、法人成りをした場合は、設立した法人において、新たに許認可の取得が必要です。

しかし、運送業は一定の要件を満たした場合は、運送業許可の譲渡譲受認可申請により、新たな許認可の取得とはまた異なる手続きとなります。

一部の許認可は、法人成りにより設立した法人に、個人事業者の許認可の手続きの全部または一部を引継ぎができるものもあります。

手続きにより許認可が引き継げるものや、新たに取得が必要なものがありますので、詳細は監督官庁へ問い合わせることが必要です。

5 社保書類

　個人事業者については、健康保険について各種の組合保険に加入できる業種とそうでない業種があります。

　組合保険に加入しない事業者については、国民健康保険に加入することになります。国民健康保険は一般に『国保』と呼ばれていますが、会社員や公務員、それらの扶養者以外の国民が加入する保険で、主に自営業者、または会社を退職した人が一時的に加入するケースが多い保険になります。また自営業者は厚生年金保険に加入することはできませんので、国民年金のみに加入することになります。

　法人については社会保険である『健康保険』、『介護保険』と『厚生年金保険』に強制加入となっていますが、個人事業者が加入する保険制度と区別して、一般に『社保』と呼ばれています。

社会保険

■ 会社は３種類の社会保険に加入しなければならない

　社会保険は一般に『社保』と呼ばれる保険制度ですが、『健康保険』と『介護保険』、及び『厚生年金保険』があります。

■ 会社の社会保険は強制加入・・・・・・・・・・・・・・・・・・・・・・・・・・・・・・・

従業員が1人でもいる会社を設立したら、会社は強制的に社会保険に加入しなければいけません。法人の事業所は事業の種類を問わず、従業員が1人でもいれば必ず加入します。

● 加入手続き

健康保険・ 厚生年金保険 新規適用届	法人設立日から5日以内に年金事務所に提出します。 なお、添付書類として提出する登記簿謄本は、新規適用届の提出日から遡って90日以内に発行されたものでコピーは不可となりますので注意が必要です。
健康保険・ 厚生年金保険 被保険者資格取得届	会社で常時使用される人は、たとえ事業主のみであっても、国籍や性別、賃金の額等に関係なく、すべての人が被保険者となります。なお、原則として、70歳以上の人は健康保険のみの加入となり、厚生年金保険については被保険者とはなりません。 事業所が従業員を採用した場合や、新たに健康保険及び厚生年金保険に加入すべき者が生じた場合には、『健康保険・厚生年金保険 被保険者資格取得届』を事業主が提出します。

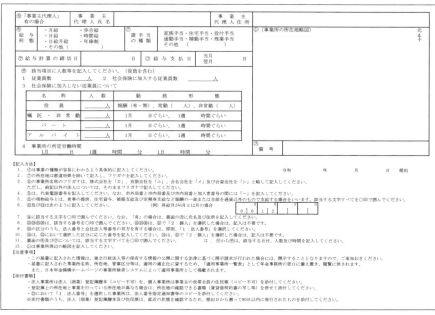

様式コード	健康保険	被保険者資格取得届
2 2 0 0	厚生年金保険 厚生年金保険	70歳以上被用者該当届

令和　　　年　　　月　　　日提出

提出者記入欄

事業所整理記号 ／ 事業所番号

届書記入の個人番号に誤りがないことを確認しました。

事業所所在地 〒　－

事業所名称

事業主氏名　　㊞

電話番号　　（　　　）

受付印

社会保険労務士記載欄

氏名等　　　　㊞

被保険者1

①被保険者整理番号	②氏名	(フリガナ) (氏) (名)	③生年月日	5.昭和 7.平成 9.令和	年 月 日	④種別	1.男 5.男(基金) 2.女 6.女(基金) 3.坑内員 7.坑内員(基金)
⑤取得区分	1.健保・厚年 3.共済出向 4.船保任継	⑥個人番号[基礎年金番号]	⑦取得(該当)年月日	9.令和	年 月 日	⑧被扶養者	0.無 1.有
⑨報酬月額	⑦(通貨)	円	⑦(合計 ⑦+⑦)		円	⑩備考	該当する項目を○で囲んでください。 1. 70歳以上被用者該当 2. 二以上事業所勤務者の取得	3. 短時間労働者の取得(特定適用事業所等) 4. 退職後の継続再雇用者の取得 5. その他
	⑦(現物)	円					
⑪住所	日本年金機構に提出する際、個人番号を記入した場合は、住所記入は不要です。 〒　－ (フリガナ)					理由:	1. 海外在住 2. 短期在留 3. その他

被保険者2

①被保険者整理番号	②氏名	(フリガナ) (氏) (名)	③生年月日	5.昭和 7.平成 9.令和	年 月 日	④種別	1.男 5.男(基金) 2.女 6.女(基金) 3.坑内員 7.坑内員(基金)
⑤取得区分	1.健保・厚年 3.共済出向 4.船保任継	⑥個人番号[基礎年金番号]	⑦取得(該当)年月日	9.令和	年 月 日	⑧被扶養者	0.無 1.有
⑨報酬月額	⑦(通貨)	円	⑦(合計 ⑦+⑦)		円	⑩備考	該当する項目を○で囲んでください。 1. 70歳以上被用者該当 2. 二以上事業所勤務者の取得	3. 短時間労働者の取得(特定適用事業所等) 4. 退職後の継続再雇用者の取得 5. その他
	⑦(現物)	円					
⑪住所	日本年金機構に提出する際、個人番号を記入した場合は、住所記入は不要です。 〒　－ (フリガナ)					理由:	1. 海外在住 2. 短期在留 3. その他

被保険者3

①被保険者整理番号	②氏名	(フリガナ) (氏) (名)	③生年月日	5.昭和 7.平成 9.令和	年 月 日	④種別	1.男 5.男(基金) 2.女 6.女(基金) 3.坑内員 7.坑内員(基金)
⑤取得区分	1.健保・厚年 3.共済出向 4.船保任継	⑥個人番号[基礎年金番号]	⑦取得(該当)年月日	9.令和	年 月 日	⑧被扶養者	0.無 1.有
⑨報酬月額	⑦(通貨)	円	⑦(合計 ⑦+⑦)		円	⑩備考	該当する項目を○で囲んでください。 1. 70歳以上被用者該当 2. 二以上事業所勤務者の取得	3. 短時間労働者の取得(特定適用事業所等) 4. 退職後の継続再雇用者の取得 5. その他
	⑦(現物)	円					
⑪住所	日本年金機構に提出する際、個人番号を記入した場合は、住所記入は不要です。 〒　－ (フリガナ)					理由:	1. 海外在住 2. 短期在留 3. その他

被保険者4

①被保険者整理番号	②氏名	(フリガナ) (氏) (名)	③生年月日	5.昭和 7.平成 9.令和	年 月 日	④種別	1.男 5.男(基金) 2.女 6.女(基金) 3.坑内員 7.坑内員(基金)
⑤取得区分	1.健保・厚年 3.共済出向 4.船保任継	⑥個人番号[基礎年金番号]	⑦取得(該当)年月日	9.令和	年 月 日	⑧被扶養者	0.無 1.有
⑨報酬月額	⑦(通貨)	円	⑦(合計 ⑦+⑦)		円	⑩備考	該当する項目を○で囲んでください。 1. 70歳以上被用者該当 2. 二以上事業所勤務者の取得	3. 短時間労働者の取得(特定適用事業所等) 4. 退職後の継続再雇用者の取得 5. その他
	⑦(現物)	円					
⑪住所	日本年金機構に提出する際、個人番号を記入した場合は、住所記入は不要です。 〒　－ (フリガナ)					理由:	1. 海外在住 2. 短期在留 3. その他

協会けんぽご加入の事業所様へ
※ 70歳以上被用者該当届のみ提出の場合は、「⑩備考」欄の「1. 70歳以上被用者該当」および「5. その他」に〇をし、「5. その他」の〔　〕内に「該当届のみ」とご記入ください（この場合、健康保険被保険者証の発行はありません）。

182

■ **個人の社会保険は任意加入**

　個人事業者の場合には従業員が5人未満の場合や5人以上の一定の事業所については原則として社会保険に加入することはできません。社会保険に加入したければ、従業員の半数以上の同意を得て、年金事務所へ申請をして認可を受ける必要があります。

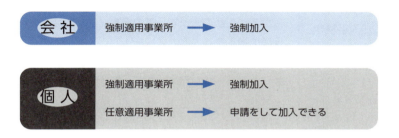

■ **強制適用事業所**

　強制適用事業所とは、次の①又は②に該当する事業所をいいます。

①次の事業を行い、常時5人以上の従業員を使用する事業所

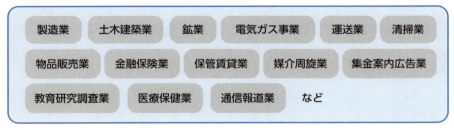

②国又は法人の事業所

　　常時、従業員を使用する国、地方公共団体又は法人の事業所

■ 任意適用事業所

任意適用事業所とは、強制適用事業所とならない事業所で年金事務所の認可を受け健康保険・厚生年金保険の適用となった事業所のことをいいます。

加入手続き	半数以上の従業員が適用事業所となることに同意し、事業主が申請して年金事務所の認可を受けると適用事業所になることができます。この場合、従業員は全員が社会保険に加入することになります。 任意適用であっても適用事業所になると、保険給付や保険料などは、強制適用事業所と同じ扱いになります。
脱退手続き	被保険者の4分の3以上が適用事業所の脱退に同意した場合には、事業主が申請して年金事務所の認可を受けて適用事業所を脱退することができます。

■ 社会保険料は折半して支払う

社会保険料は加入者が直接保険機関に支払うというものではなく、毎月の給料から会社と折半した保険料が差し引かれ、会社が個人負担分と会社負担分をまとめて支払います。

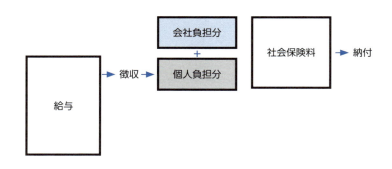

■ 手続きは資格取得日から5日以内

社会保険の手続きは資格取得日から5日以内に所轄年金事務所に届け出ます。

● 資格取得日（従業員が被保険者になる日）

❶	適用事業所に使用されるようになった日
❷	使用されている事業所が適用事業所となった日
❸	被保険者から適用除外される事由に該当しなくなった日
❹	任意適用事業所として認可された日

● 資格喪失日：被保険者でなくなる日を資格喪失日といい、次の日が該当します。

❶	適用事業所に使用されなくなった日の翌日
❷	被保険者から適用除外される事由に該当した日の翌日
❸	任意適用事業所が任意脱退の認可を受けた日の翌日
❹	死亡した日の翌日

■ 健康保険

『健康保険』は医療機関で健康保険証を提示して、医療費の負担額が3割に軽減されるなどの社会保障が受けられる保険制度です。

この保険制度はすべての国民が加入しなければならない制度です。社会保険の中に含まれる「健康保険」と、自営業者等が加入する「国民健康保険」の二つに分かれています。

■ 介護保険

『介護保険』は健康保険や公的年金とは違い、40歳になった月から65歳に

なるまで加入します。健康保険とセットになっていますので加入するための特別な手続きなどはありません。

■ 厚生年金保険・・・

『厚生年金保険』は、会社員等、企業に勤めている労働者が加入する公的な年金制度です。老齢年金の他に、障害年金や遺族年金等の種類があり、これらをまとめて厚生年金と呼びます。

労働保険

『労働保険』は『労働者災害補償保険（労災保険）』と『雇用保険』とを総称した言葉です。

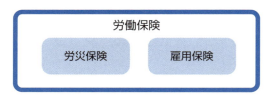

労災保険	『労災保険』は労働者が業務上の事由又は通勤によって負傷したり、病気に見舞われたり、あるいは死亡した場合に被災労働者や遺族に対して必要な保険給付を行います。また、労働者の社会復帰等を図るための事業も行っています。
雇用保険	『雇用保険』は労働者が失業した場合などに、労働者の生活及び雇用の安定を図るとともに、再就職を促進するため必要な給付を行うための保険です。また、失業の予防、雇用構造の改善等を図るための事業も行っています。

労働保険の保険関係が成立した場合には、まずは10日以内に『保険関係成立届』を所轄の労働基準監督署に提出します。その後次の書類を労働基準監督署や公共職業安定所へ提出します。

■ 提出先と提出期限

次の書類の提出先と提出期限は、それぞれ次のとおりとなります。

①	保険関係 成立届	労働保険の適用事業となったときは、労働保険の保険関係成立届を保険関係が成立した日から10日以内に所轄の労働基準監督署に提出します。
②	概算保険料 申告書	保険関係が成立した日から50日以内に所轄の労働基準監督署にその年度分の労働保険料を概算保険料として申告・納付します。
③	雇用保険適用 事所設置届	雇用保険の適用事業となったときは、雇用保険適用事業所設置届を事業所設置の日から10日以内に所轄の公共職業安定所に提出しなければなりません。
④	雇用保険被 保険者資格取得届	労働者を雇い入れたときは、資格取得の事実があった日の翌月10日までに、雇用保険被保険者資格取得届を所轄の公共職業安定所に提出しなければなりません。

■ 手続きの流れ

上記①から④までの流れは、まず①の手続きを行った後、または同時に②の手続きを行い、その後③及び④の手続きを行います。

■ **社会保険の手続きはそのタイミングに注意**・・・・・・・・・・・・・・・・・・・・・・・

　個人から法人に組織変更する際に、従業員や役員自身の社保関係で注意すべきこととしては、社会保険の移行手続きのタイミングの問題があります。

　個人から法人に変更する際には、個人事業者については、その雇用している従業員の数によって、健康保険や厚生年金について、事業主が強制的に加入する必要はなかったのですが、会社については、これらの社会保険について強制的に加入しなければなりません。

　社会保険の加入手続きで注意すべきことは、被保険者、つまり会社で雇用する従業員や役員が、社会保険に加入した日がどのタイミングであっても、**月末の加入状況でその月分の社会保険料を負担する義務が生じる**という点です。
　社会保険料の支払いは、従業員と会社が支払うべき金額を折半してそれぞれで負担します。支払いまでの流れとしては、折半をした健康保険料と厚生年金保険料を会社が事前に従業員の給与から天引きをして、会社は会社が負担すべきそれを合算して支払います。
　負担すべき社会保険料は、各月の月末に社会保険に加入している被保険者から、その月分の社会保険料を預かり、その翌月の末日に会社負担分と合算した金額を支払うという流れになっています。

　この場合、加入するタイミングによっては、1ヶ月分の社会保険料を差し引くタイミングも異なりますので注意が必要です。

　たとえば、毎月給与の支給計算を20日締めの25日払いにしている場合に、

個人から会社への移行のタイミングもそれに合わせて、５月21日から雇用を開始した場合には、翌月の６月20日締め分の給与で５月分の社会保険料を差し引いて、その差し引いた社会保険料と会社が負担すべき社会保険料を合算した金額を６月末に支払うこととなります。

しかし、仮に６月１日から雇用を開始した場合には、５月分の社会保険料の負担はありませんので、６月20日締め分の給与から差し引く社会保険料はなく、６月末に支払う社会保険料は０円となります。そして７月20日締め分の給与から初めて６月分の社会保険料を差し引いて、会社が負担する社会保険料も６月分から発生して、その金額を合算した金額を７月の末日に支払うこととなります。

雇用を開始するタイミングとしては、たった10日間の違いですが、１ヶ月分の社会保険料の負担額がそれぞれ変わってきますので注意が必要です。

■5/21に雇用・５月末日で在籍している場合

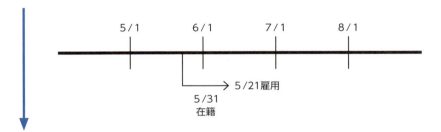

■社会保険料は５月分から負担

■6/1に雇用・5月末日で在籍していない場合

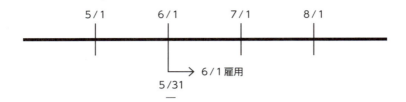

■社会保険料は6月分から負担

第5章

事業用資産の取扱い

1 事業用資産の引継ぎ

　いままで個人事業として営んでいた事業について、これから法人成りをする場合には、個人事業で使用していた固定資産であったり、棚卸資産であった商品は、この後どうなるのか、という問題が生じます。

　『法人成り』といっても、通常は日々の営業スタイルはそのままに、法律上の形式を『個人』から『法人』に切り替えるだけですので、減価償却資産についても通常通りに使用して、棚卸資産も注文があればそのまま販売することになります。

　営業上で生じた債権債務も、債務の期限が到来すれば支払い、債権についても同様に回収することになります。

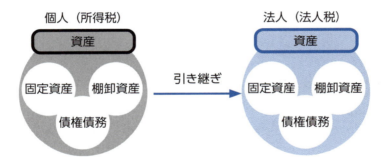

　しかし、法律上はある日を境にして、個人から法人に切り替わるわけですから、これらの資産を税務上どう取り扱うのか、ということは法律の考え方に則してひとつひとつ処理をする必要があります。

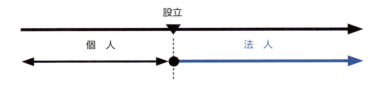

それでは、法人成りをしたときに存在する資産の権利関係について整理してみたいと思います。

　たとえば、法人成りをしたときに棚卸資産が100円あったとします。この場合、この棚卸資産は元々個人事業者が100円で購入した資産で、その所有権は個人事業者である個人にあります。

　法律上は、個人と法人とは『別の人格』として扱います。

　ここで、『別の人格』というのは難しい表現になりますので、もう少しかみくだいて説明すると、つまり、個人と法人の関係は、個人Ａと個人Ｂのように別の人である関係と同じように扱いますので、個人Ａの資産を個人Ｂに引き渡すのであれば、通常は個人Ａは個人Ｂに原価の100円で販売するのではなく、利益がでるような販売価額で個人Ｂに引き渡します。

　こういった関係は個人と法人でも同じように扱われます。つまり個人の資産を法人に引き渡すのであれば、法人から個人への反対給付が必要になります。

　この反対給付である対価は、原価である100円ではなく、利益がでるような販売価額で引き渡されることになります。

　ちなみに、反対給付を要求しない資産の引き渡しは特殊な取引きとなりますが、法律上はこのような取引は贈与として扱われます。

　このように、利益がでないような価額で引き渡した場合には、通常入ってくるはずの反対給付の金額が足りないことになりますので、その不足分は個人側では経済的利益の供与をしたことになりますし、法人側ではその不足分について経済的利益の供与を受けたことになります。

　個人側での取扱い、法人側での取扱いは、同じ人格どうしの取引ではなく、

それぞれが別人格として取引をしたときにどうなるのか、ということを念頭においた税務処理をすることになります。

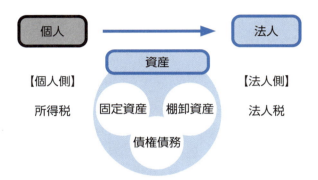

　個人側では『法人に資産を移転する』ということに対する所得税の取扱いで処理をしますし、法人側では『個人から資産を受け入れる』ということに対する法人税の取扱いで処理をすることになります。

　上記のような取扱いは、所得税法、法人税法ともに、資産ごとで違いがあります。この章では個人側での取扱い、法人側での取扱い、そしてそれぞれの税務上の取扱いなどを考察していきます。

2 債権債務の引継ぎ

個 個人事業において生じた売掛金や買掛金などの債権債務の法人成りに伴う取扱いは、次の3つが考えられます。

① 法人に引き継ぎせず **個人にて** 回収、支払を完了する

② 法人設立の際に、 **現物出資** にて引き継ぎをする

③ 法人設立後に、 **会社に譲渡** して引き継ぎをする

上記の①の方法の『個人にて回収、支払を完了する』場合は、すでに個人事業者としての事業所得の計算上、その債権債務に関する売上げ計上や仕入れ計上などが適正にされているため、あとは単純に残されたその債権債務の回収や支払をするだけで、今後の個人所得に関する所得計算には影響させないということです。

この方法であれば、年度が変わっても、所得計算には影響がありません。しかし、債権債務のすべてが無事に回収、支払できればいいのですが、売掛金などが貸倒れた場合は、その時期によって留意すべき点が変わります。

個 事業廃止後に売掛金などの**貸倒れが生じた場合は、事業廃止後であっても必要経費に算入**することができます。

貸倒れが事業廃止年の12月31日までに生じた場合は、個人事業の最後年度の確定申告にて必要経費に計上します。

貸倒れが、事業廃止年の翌年以降に生じた場合は、更正の請求により最後年の確定申告の再計算をします。

上記②『現物出資』、上記③の『会社に譲渡』は、形式やタイミングは

異なりますが、実質的には両方とも債権債務の会社への譲渡としては同じ取扱いになります。

譲渡といっても、通常は、その債権債務の帳簿価額で法人に対して譲渡されるため、個人事業としても特別な損益は生じないので、所得計算には影響はありません。

個▶ 補足になりますが、ひとつ注意しておきたいポイントがあります。

債権債務の譲渡は通常、債権額と債務額の差額が譲渡対価となります。債務はマイナスの財産のため、プラスの財産である債権の額と相殺して、純額を譲渡対価として譲渡します。

そのため、債務額の方が債権額より大きな場合は、他の事業用資産の譲渡対価と相殺することになります。

しかし、もし債務のみを会社に引き継ぎしたときは、個人の債務を法人が肩代わりしたことになるため、個人側に受贈益が生じますので注意が必要です。

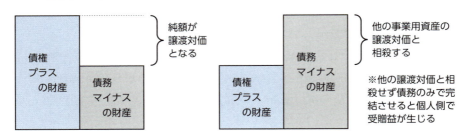

● 事業廃止後に貸倒れが生じた場合

　事業廃止の場合でも、所得税の計算期間は1月1日から12月31日となりますので、その期間にかかる確定申告書の提出期限は翌年2月16日から3月15日となります。

　そのため、事業廃止後に生じた貸倒損失も12月31日までに生じたものであれば、その年の必要経費として計上することができます。

　翌年以後に貸倒損失が生じた場合は、所得税法第63条（事業を廃止した場合の必要経費の特例）により、事業廃止年に遡り必要経費に計上したうえで、更正の請求を行うことができます。

⑴ その年12月31日までに貸倒れが生じた場合

　事業廃止後で、事業廃止年の12月31日までに貸倒損失が生じていますが、所得税の計算期間（1/1 ～ 12/31）内に生じた必要経費として、1月1日から事業廃止日までの所得にその貸倒損失を含めて確定申告を行います。

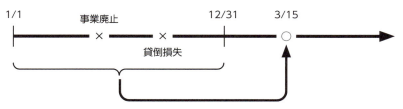

1/1 ～事業廃止日までの所得に事業廃止後の貸倒損失を含めて確定申告を行う

⑵ 翌年3月15日までに貸倒れが生じた場合

　事業廃止年の翌年に貸倒損失が生じていますが、所得税の確定申告期限までに貸倒損失が生じていますので、その計算は確定申告に間に合います。そのため1月1日から事業廃止日までの所得にその貸倒損失を含めて確定申告を行います。

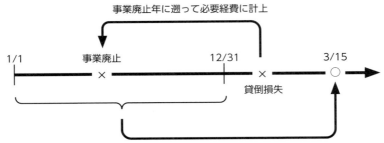

(3) 翌年3月16日以後に貸倒れが生じた場合

　事業廃止年の翌年以後に貸倒損失が生じていますが、その生じた時期が所得税の確定申告の期限後であるため、既に確定申告が完了しています。

　その場合には、『事業廃止後の必要経費の特例』により、事業廃止年に遡り必要経費に算入し、更正の請求をすることができます。

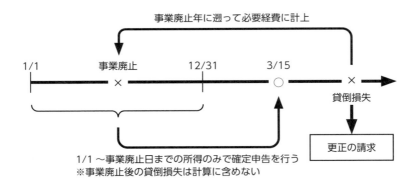

更正の請求の手続きの流れは、次のようになります。

① 1月1日から事業廃止日までの所得のみで確定申告を行います。

② 貸倒損失を、事業廃止後の必要経費の特例により、事業廃止年に遡り必要経費に算入します。

③ 上記②により事業廃止年の所得に異動が生じたため、更正の請求により所得の是正手続きを行います。

■ 事業を廃止した場合の必要経費の特例・・・・・・・・・・・・・・・・・・・・・・・・・・・・・

事業廃止後に生じた損失などの救済措置は、その他の費用や損失についても適用はあります。

 事業廃止後において、その事業に係る費用又は損失が生じた場合には、**その事業廃止日の属する年分又はその前年分のその事業の必要経費に算入**しますが、**これには一定の制限があります。**
その必要経費に算入する金額の計算は、次の①〜③のうち、最も低い金額となります。

> ①事業廃止後に生じた費用又は損失の金額
> ②事業廃止年分の課税標準の合計額
> ③事業廃止年分のその事業に係る所得金額

①から③によって制限することによって他の所得計算には影響させないようにしています。

3 棚卸資産の引継ぎ

個▶ 棚卸資産の法人成りに伴う個人事業者側での取扱いは、次の２つが考えられます。

①法人設立の際に、 **現物出資** にて引き継ぎをする

②法人設立後に、 **会社に譲渡** して引き継ぎをする

上記の①、②の方法は、ともに個人事業者からみた場合には、実質的に個人事業で保有していた棚卸資産を会社に対して譲渡したものと考えて処理することになります。

いずれについても、会社への譲渡ですので、譲渡対価を事業所得の売上に計上します。
当然、譲渡により在庫がなくなりますので、棚卸資産の原価は、売上原価として必要経費に計上されます。

個人事業者の立場としては、会社へ譲渡する場合の譲渡対価は、通常の販売価額ではなく、通常の販売価額より低い価額で譲渡することにより、所得税や消費税の税負担がなるだけ生じないようにしたいところですが、販売価額の決め方について注意すべきことがあります。

個▶ 通常の販売価額の70％未満の価額で譲渡したときは、低額譲渡として取扱われるため、**通常の販売価額の70％以上の価額を譲渡対価とすることが望ましい**です。

法人成りの際は、棚卸資産の引継ぎによる上記の注意点を忘れないことが重要です。
棚卸資産の引継ぎについて、仮に譲渡をしたという処理を失念してしま

うと、個人から法人への棚卸資産の譲渡が申告漏れになり修正申告の対象になります。

個 **棚卸資産を譲渡したという処理を失念していた場合**には、譲渡対価がないため、その棚卸資産の移動は、**個人から法人への贈与になります。**
この場合は、事業所得の計算上で、通常の販売価額の70％相当額を追加で売上げに計上し修正申告することになります。

■ 棚卸資産の低額譲渡・・

通常の販売価額の70％未満で譲渡された場合は、低額譲渡に該当し、実質的に贈与された部分として通常の販売価額の70％に満たない部分の差額は、売上に追加計上されます。

▼ 低額譲渡に該当しないケース

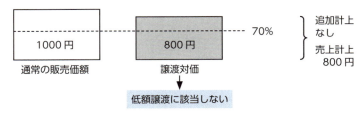

▼ 低額譲渡に該当するケース

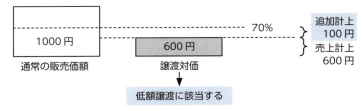

▼ 贈与に該当するケース

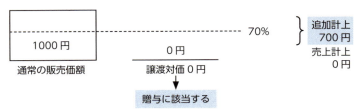

4 固定資産（土地・建物）の引継ぎ

個▶ 固定資産の法人成りに伴う取扱いは、次の3つが考えられます。

①法人設立の際に、 ┌ 現物出資 ┐ にて引き継ぎをする

②法人設立後に、 ┌ 会社に譲渡 ┐ して引き継ぎをする

③法人設立後に、 ┌ 会社に賃貸 ┐ して引き継ぎをする

上記の①、②の方法は、ともに個人事業者からみた場合には、棚卸資産と同様に、実質的に個人事業で所有していた固定資産を会社に対して譲渡したものと考えて処理をすることになります。

個▶ **①、②については**、会社への譲渡ですので、個人事業の所得区分については、**譲渡所得の計算対象**となります。この場合は、棚卸資産と違って事業用資産であっても、事業所得の計算対象とはなりませんので注意が必要です。

また、**上記③の方法は**、土地・建物の貸付けとなりますので、**不動産所得の計算対象**となります。

個人事業者の立場としては、会社へ固定資産を譲渡する場合は、その譲渡対価は、譲渡時の適正な時価となると思いますが、棚卸資産の移転のときにも留意したように、法人成りに伴う所得税や消費税の税負担を抑えるためには、譲渡対価を低くし、譲渡所得を少なくする工夫をしたいものです。

個▶ しかし、移動する資産が固定資産であるときに譲渡対価を低くする場合、『所得税法上のみなし譲渡の規定』に注意しないといけません。

みなし譲渡の取扱いは、**譲渡対価がその譲渡資産の譲渡時の時価の$\frac{1}{2}$未**

満となった場合に、その譲渡時の時価で譲渡したものとみなされるという規定です。

たとえば、時価1000万円の資産を、譲渡対価400万円で譲渡した場合は、譲渡対価が時価の$\frac{1}{2}$未満となるため、1000万円で譲渡したものとみなして、譲渡所得の計算がされます。

譲渡対価を決めるときに、時価をいくらと算定したのかが重要なポイントとなります。

しっかりとした時価の算定根拠があり、その時価を前提に、譲渡対価がその時価の$\frac{1}{2}$以上となっているのであれば、『みなし譲渡』の適用はありません。

時価の算定については、通常『相続税評価額』や『固定資産税評価額』を用いて計算しますが、これらの評価額を単純に時価と考えてしまうミスがあります。

個 あくまでも**譲渡時の時価は『実売価格』、『実勢価格』であることが必要**なため、これらの評価額を概ね70%〜80%で割り戻した価額を、時価と考えるのが妥当な計算となります。

■ 時価の$\frac{1}{2}$未満は時価課税・・・・・・・・・・・・・・・・・・・・・・・・・・・・・・・・・

譲渡対価が、時価の$\frac{1}{2}$未満の場合には、その時価により譲渡したものとみなして譲渡所得の計算がされます。

203

▼ 時価の$\frac{1}{2}$以上で譲渡した場合

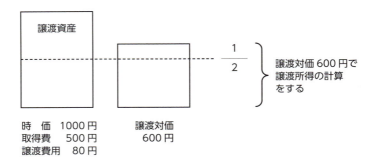

● 譲渡所得の計算

▼ 時価の$\frac{1}{2}$未満で譲渡した場合

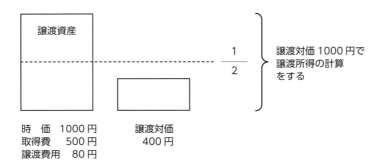

● 譲渡所得の計算

では次に、上記③の『会社に賃貸』という方法により引き継いだ場合を考えたいと思います。

　賃貸収入は不動産所得となりますが、不動産所得の計算について注意すべきポイントを説明します。

　不動産所得の計算において、**注意すべきところは青色申告の適用関係**です。

　個人事業者が青色申告書を提出する者なのであれば、通常は、事業の廃業に伴い、青色申告の取消しをすることとなります。

　青色申告者の場合は、法人成りに伴い、事業所得は廃業しますが、その後、会社への固定資産の賃貸により不動産所得が生じる事業を開始していることになります。

　そのため、一個人としての業務の所得区分は変わりますが、業務自体は続いています。

　青色申告の取消しは、**その個人がすべての事業を廃止した年の翌年から取消しとなる**ため、法人成りにより、事業所得を廃業した後、不動産所得が生じた場合は、**そのまま青色申告の適用が継続**されます。この場合、**特に手続きは不要**となります。

　しかし、**個人事業者が白色申告者の場合は**、少し様子が変わります。

　廃業する事業所得については、青色申告の適用を受けておらず、法人成り後、不動産所得について青色申告の適用を受けたいと思う場合は、その不動産所得は新規開業ではなく、事業が継続している状態となっています。

　そのため、**翌年から新たに青色申告の適用を受けるための青色申告の承認申請の手続きが必要**となります。

　事業所得を廃業する年度と、不動産所得を開始する年度について、事業が継続しているので、その年度はどうしても白色申告となります。青色申告の

承認申請の手続きにも注意が必要です。

　青色申告の承認申請の手続きは、開業時に提出する書類としてではなく、継続事業をしている場合に提出する書類の手続きとなります。

　青色申告者の場合、青色申告特別控除額も注意しないといけません。
　事業所得の場合は、複式簿記により記帳するなど一定の要件を満たせば、青色申告特別控除額は55万円又は65万円控除となりますが、不動産所得については、その不動産の貸付規模により、事業的規模に満たない場合は、記帳方法に関わらず10万円控除となります。

　不動産所得の事業的規模の判定は、一般的に５棟10室基準により行われますので、この基準を満たさなければ、事業的規模以外となり、青色申告特別控除額は10万円となります。

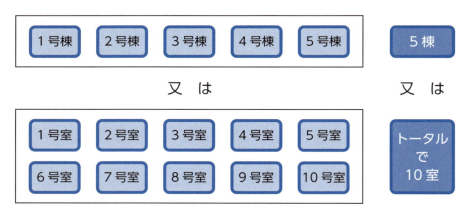

　法人成りをした年度は、事業所得があるため55万円又は65万円の控除は可能ですが、翌年以降は、その不動産所得の規模が事業的規模に満たない場合は、10万円控除となります。

◉ 青色申告の承認申請期限

新たに青色申告の申請をする人は、申請書の提出期限までに「青色申告承認申請書」を納税地の所轄税務署長に提出しないといけません。

(1)	既に開業しており、新たに青色申告の申請をする場合	青色申告を適用を受けようとする年の3月15日まで
(2)	新たに開業した場合	業務を開始した日から2ヶ月以内（1月15日以前に業務を開始した場合は、その年の3月15日まで）

◉ 青色申告の取りやめ

青色申告者が、青色申告を取りやめようとする場合は、取りやめようとする年の翌年3月15日までに、『所得税の青色申告の取りやめの届出書』を納税地の所轄税務署長に提出しなければなりません。

この届出書の提出がなければ、青色申告の効力は継続します。

なお、青色申告者がその行う業務の全部を譲渡又は廃止した場合は、その業務の全部を譲渡又は廃止した日の属する年の翌年分以降の各年の所得税については、青色申告の効力は消滅します。

| | | 1 | 0 | 9 | 0 |

税務署受付印

所得税の青色申告承認申請書

_____ 税務署長

_____年_____月_____日提出

納　税　地	○住所地・○居所地・○事業所等（該当するものを選択してください。） （〒　　　－　　　） 　　　　　　　　　　　　　　　　　　　　　（TEL　　　－　　　－　　　）
上記以外の 住所地・ 事業所等	納税地以外に住所地・事業所等がある場合は記載します。 （〒　　　－　　　） 　　　　　　　　　　　　　　　　　　　　　（TEL　　　－　　　－　　　）

フリガナ		生年月日	○大正 ○昭和 ○平成 ○令和	年　月　日生
氏　　名				

職　　業		フリガナ 屋　号	

令和____年分以後の所得税の申告は、青色申告書によりたいので申請します。

1　事業所又は所得の基因となる資産の名称及びその所在地（事業所又は資産の異なるごとに記載します。）

名称_____　所在地_____

名称_____　所在地_____

2　所得の種類（該当する事項を選択してください。）

○事業所得　・○不動産所得　・○山林所得

3　いままでに青色申告承認の取消しを受けたこと又は取りやめをしたことの有無

(1)　○有（取消し・取りやめ）　____年___月___日　　(2)　○無

4　本年1月16日以後新たに業務を開始した場合、その開始した年月日　　____年___月___日

5　相続による事業承継の有無

(1)　○有　相続開始年月日　____年___月___日　被相続人の氏名_____　(2)　○無

6　その他参考事項

(1)　簿記方式（青色申告のための簿記の方法のうち、該当するものを選択してください。）

○複式簿記・○簡易簿記・○その他（　　　　　　　　　）

(2)　備付帳簿名（青色申告のため備付ける帳簿名を選択してください。）

○現金出納帳・○売掛帳・○買掛帳・○経費帳・○固定資産台帳・○預金出納帳・○手形記入帳 ○債権債務記入帳・○総勘定元帳・○仕訳帳・○入金伝票・○出金伝票・○振替伝票・○現金式簡易帳簿・○その他

(3)　その他

関与税理士 　　　　　　（TEL　　　－　　　－　　　）	税務署整理欄	整理番号		関係部門連絡	A	B	C
		0｜｜｜｜｜｜					
		通信日付印の年月日 　年　月　日		確認			

■ 青色申告特別控除（改正点：令和2年以後適用）・・・・・・・・・・・・・・・・・・

個 青色申告者に対しては、いくつか所得計算上の特典があります。

その一つに青色申告特別控除があります。

青色申告特別控除は、不動産所得、事業所得の金額から65万円、55万円又は10万円、山林所得の金額から10万円の控除ができます。

■ 65万円の青色申告特別控除・・・・・・・・・・・・・・・・・・・・・・・・・・・・・・・・・・

(1) 適用要件

65万円控除のための要件は、次のとおりです。

①	不動産所得又は事業所得を生ずべき事業を営んでいること。 なお、事業所得が生じる事業を営んでいる場合は、不動産所得が事業的規模以外でも65万円控除の対象となります。
②	これらの所得に係る取引を正規の簿記の原則(一般的には複式簿記)により記帳していること。
③	次のいずれかに該当すること。 イ　その年分の事業に係る仕訳帳及び総勘定元帳について電子帳簿保存を行っていること。 ロ　その年分の所得税の確定申告書、貸借対照表及び損益計算書の提出を、確定申告の提出期限までにe-Tax（国税電子申告・納税システム）を使用して行うこと。

(2) 控除額

不動産所得の金額又は事業所得の金額の合計額が65万円より少ない場合には、その合計額が限度になります。ただし、この合計額とは損益通算前の黒字の所得金額の合計額をいいますので、いずれかの所得に損失が生じている場合には、その損失をないものとして合計額を計算します。

(3) 控除順序

不動産所得の金額、事業所得の金額から順次控除します。

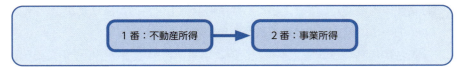

■ 55万円の青色申告特別控除

(1) 適用要件

55万円控除のための要件は、次のとおりです。

①	不動産所得又は事業所得を生ずべき事業を営んでいること。 なお、事業所得が生じる事業を営んでいる場合は、不動産所得が事業的規模以外でも55万円控除の対象となります。
②	これらの所得に係る取引を正規の簿記の原則(一般的には複式簿記)により記帳していること。
③	②の記帳に基づいて作成した貸借対照表及び損益計算書を確定申告書に添付し、この控除の適用を受ける金額を記載して、法定申告期限内に提出すること。

(2) 控除額

不動産所得の金額又は事業所得の金額の合計額が55万円より少ない場合には、その合計額が限度になります。ただし、この合計額とは損益通算前の黒字の所得金額の合計額をいいますので、いずれかの所得に損失が生じている場合には、その損失をないものとして合計額を計算します。

(3) 控除順序

不動産所得の金額、事業所得の金額から順次控除します。

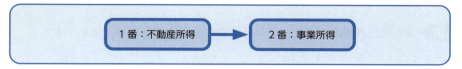

■ 10万円の青色申告特別控除

(1) 適用要件

10万円控除は、65万円、55万円控除の要件に該当しない青色申告者が受けられます。

(2) 控除額

動産所得の金額、事業所得の金額又は山林所得の金額の合計額が10万円より少ない場合には、その金額が限度になります。ただし、この合計額とは損益通算前の黒字の所得金額の合計額をいいますので、いずれかの所得に損失が生じている場合には、その損失をないものとして合計額を計算します。

(3) 控除順序

不動産所得の金額、事業所得の金額、山林所得の金額から順次控除します。

5 減価償却資産の引継ぎ

個▶ 減価償却資産の法人成りに伴う取扱いは、次の３つが考えられます。

①法人設立の際に、　[現物出資]　にて引き継ぎをする

②法人設立後に、　[会社に譲渡]　して引き継ぎをする

③法人設立後に、　[会社に賃貸]　して引き継ぎをする

個▶ **上記の①、②の方法は**、ともに、個人事業者からみた場合には、実質的に個人事業者で使用していた**減価償却資産を会社に対して譲渡したものと考えて処理**をします。ここでの留意点は前記の固定資産と同様です。

個▶ 会社への譲渡ですので、譲渡所得の計算対象となります。

しかし、**上記③の方法は**、減価償却資産の貸付けとなりますので、不動産所得ではなく、**事業所得又は雑所得の計算対象**となります。

減価償却資産を譲渡する場合には、帳簿価額相当額を譲渡対価として譲渡するのが一般的かと思いますが、土地や建物のときのように、『みなし譲渡』の取扱いは留意しなくてもよいものでしょうか。

個▶ **土地、建物以外の資産についても**、譲渡所得の対象となる資産については、譲渡対価が譲渡時の時価の$\frac{1}{2}$未満となった場合、**『みなし譲渡』の適用があります**。

しかし、機械装置、車両運搬具、工具器具備品などの減価償却資産は、土地や建物のように不動産市況の動向により時価が変動するような資産ではなく、また、取引市場が確立しているものでもありません。むしろこれらの資産は時価を算定することが困難な資産という位置づけにあります。そこで、減価償却資産については、減価償却の考え方にある価値

の減少を数値化した減価償却費を控除した後の帳簿価額を、その時点での『価値』、『時価』として取扱うのが一般的になっています。

最近は、車両運搬具、機械装置、工具器具備品などは、買取業者もありますので、買取価格の見積額をもって時価とするのも、ひとつの方法です。

念のために帳簿価額と買取業者の見積額の平均額を時価として、譲渡対価を決定するのも合理的な時価の算出方法として認められるのではないでしょうか。減価償却資産は、土地や建物のように時価が帳簿価額を大きく上回り譲渡益が生じることが少ないため、法人成りに伴う所得税や消費税の税負担を考慮することも比較的少ない資産であるといえます。

個▶ ここでいう帳簿価額は、その年1月1日から譲渡時までの減価償却費を控除するか、控除しないかは選択できることになっています。それぞれの方法を選択した場合、結果的に次のような違いがあります。

個▶ 年の中途で譲渡した場合の減価償却費の取扱いは、所得税の規定では、「その年12月31日において有する資産について減価償却費を計上する」という規定があるため、原則として、その年1月1日から譲渡日までの減価償却費の計算はしないことになります。
しかし、譲渡日までの期間に対応する減価償却費を計上することも認められています。結果的に、譲渡所得の計算における取得費が、その減価償却費を控除しない帳簿価額か、控除した帳簿価額かの違いになります。つまり、譲渡した日までの減価償却費が事業所得上の必要経費となるのか、譲渡所得上の取得費の一部となるかの違いとなります。

では次に、減価償却資産を個人事業者が譲渡せずに、会社に賃貸した場合について考えたいと思います。
その賃貸収入の所得区分は、『雑所得』又は『事業所得』になりますが、

その所得区分についてのポイントを説明します。

個 『雑所得』と『事業所得』の違いは、その貸付けの規模が、事業的規模があるか否かにより判断されます。

事業的規模の判断基準は、これといった明確なものはなく、通常は社会通念上、**事業と称するに至る程度の規模で営まれているかどうかにより判断**されます。法人成りに伴い、減価償却資産を賃貸した場合は、本業では法人成りはしたものの個人事業自体が継続しているため、その賃貸収入は副業的なものになります。その場合は雑所得として取扱われるのが一般的です。

しかし、賃貸する減価償却資産が多数あったり、その賃貸収入も多額で、その収入だけでも充分に生計をたてることができるような賃貸規模なのであれば、それは事業的規模として事業所得になると判断できます。

『雑所得』と『事業所得』とでは、損失が出た場合に、『雑所得は損益通算ができない』、『事業所得は損益通算ができる』という違いがありますが、このほか、雑所得と事業所得の取扱いの違いなどについて補足しておきます。

個 所得計算上で、**『雑所得』と『事業所得』との違いは**、損益通算以外には、**「青色申告の適用があるか否か」というポイント**があります。雑所得は、青色申告の適用がないため、青色申告特別控除の適用もありません。

◉ 事業的規模とは

　不動産所得の事業的規模については、形式的な判断基準として、5棟10室以上の貸付規模であれば、事業的規模と判断されます。

　しかし、事業所得と雑所得の事業的規模の判断基準については、明確な基準はありませんが、社会通念上、事業と称するに至る程度の規模で営まれているかどうかを、下記の要素などを総合勘案して判断します。

> (1) 自己の計算と危険において独立して営まれているか
> (2) 営利性・有償性の有無
> (3) 継続性・反復性の有無
> (4) その取引に費やした精神的・肉体的労力の程度
> (5) 人的・物的設備の有無
> (6) その取引の目的
> (7) その者の職歴・社会的地位・生活状況

◉ 事業所得と雑所得の取扱いの違い

	事業所得	雑所得
損益通算	損失が生じた場合 損益通算できる	損失が生じた場合 損益通算できない
青色申告	青色申告できる	青色申告できない
事業専従者控除	控除できる	控除できない
資産損失	全額必要経費 算入できる	所得限度で 必要経費算入できる

6 権利金の引継ぎ

個人事業として店舗、事務所、工場を賃借して経営している場合、法人成りをしたことにより、事業の主体が『個人』ではなく『会社』に代わります。

この場合、個人名義で契約している店舗などの賃貸借契約は、法人名義に変更する必要があります。

個人名義から法人名義に契約を変更した場合に、個人事業の所得計算の取扱いはどのようになるのでしょうか。

個 店舗などの賃貸借契約を個人名義から法人名義に変更した場合、個人名義で契約していたときの権利金の引継ぎが必要なときがあります。

建物の賃貸借の権利金は、税務上は繰延資産として扱われます。

繰延資産がすべて償却済みなのであれば、引き継ぐ帳簿価額がないため、個人事業の所得計算に影響はありません。

しかし、**繰延資産が償却済みではなく、その帳簿価額に未償却残額があれば、その帳簿価額を法人に引き継ぐ必要があります。**

会社への引き継ぎは、減価償却資産と同様に帳簿価額相当額で譲渡するのが一般的です。

繰延資産は、資産性のないものといわれますが、建物賃借の権利金は、借家権として譲渡所得の対象資産になります。

譲渡損益が生じた場合は、総合課税の譲渡所得として計算されます。

繰延資産の償却も、減価償却資産と同様に、その年1月1日から譲渡日までの償却費の計上は任意になります。

では次に、会社へ賃貸をする場合ですが、減価償却資産のように、建物賃借の権利金を賃貸する、という習慣はなく、個人名義で賃貸借契約を

216

したまま、会社へ転貸借することとなると、それは『また貸し』の状況になります。

社会通念上、常識的には転貸借は無断ではできません。

転貸借をする場合には、その建物の所有者の了承のうえ、転貸借をすることになります。

この場合、建物所有者と個人事業者の間での契約は継続し、別途、個人事業者と会社との間で、転貸借契約を締結することになります。

契約が複雑になるため、あまり実務では出てこない事例ですが、転貸借の場合、個人事業での取扱いは次のようになります。

個 権利金の貸付は、実質的には建物の転貸借となるため、その賃貸収入の所得区分は不動産所得になります。

そして、建物所有者に支払う家賃は必要経費になります。

建物賃借の権利金の繰延資産も引き続き個人事業者側で償却し、不動産所得としての必要経費に計上することになります。

● 建物賃貸借の権利金は繰延資産

　建物を賃借するために支払った権利金、立退料などの費用で支出の効果がその支出の日以後1年以上に及ぶものは繰延資産となります。

　繰延資産は、その支出の効果が及ぶ期間を償却期間として償却し、その償却費を必要経費に計上します。

▼ 償却費の計算

$$\text{権利金・立退料（繰延資産）} \times \frac{\text{業務を行っていた期間の月数}}{\text{その支出の効果が及ぶ期間の月数（償却期間）}}$$

◉ 建物賃貸借の権利金は繰延資産

区　分	償却期間
建物の新築に際して支払った権利金などで、その金額が建物の賃借部分の建設費の大部分に相当し、かつ、その建物が存続する間は賃借できる場合	その建物の耐用年数の10分の7に相当する年数
契約や慣習などによって、明渡しの時に借家権として転売できることになっている場合	その建物の賃借後の見積残存耐用年数の10分の7に相当する年数
上記以外の権利金などの場合	5年

7 債権債務の引受け

ここからは、法人側の処理について、法人成りをしたときに個人事業者から引き継ぐ資産等のうち、債権と債務について考えてみたいと思います。

■ 金銭債権

売掛金や貸付金のような金銭債権の特徴は、その**帳簿価額に記載された金額がそのまま時価になる**、というところにあります。

金銭債権には、売掛金、貸付金のほか、受取手形、貸付金、未収入金、外貨建債権などがあります。いずれも将来において金銭の回収を目的とする債権が金銭債権となります。

これらの資産を会社が引き継ぐ方法としては、『現物出資により引き継ぐ方法』と『債権を買い受ける方法』の２通りの方法があります。

1 現物出資により引き継ぐ

法 現物出資はその出資資産の価額を決定するのが難しいという側面をもっていますが、その現物出資する資産が金銭債権であれば少し話は変わります。

それは、その債権額を評価することが容易になるからです。しかし、その資産の価額を決定することは容易であっても、将来、現金を回収するという信用性を加味して評価する場合には、その金銭債権が現金回収されるまでの期間であったり、回収の可能性、債務者の信用上の問題も合わせて評価しなければならなくなります。

個 金銭債権が実在するかどうかの証明は次のようにして行うことができます。

①	売掛金元帳や得意先元帳の帳簿記録
②	契約書。売掛債権に関しては取引契約書、売買契約書など、貸付金については金銭消費貸借契約書、個別の契約書がない場合には商品の受領書、代金請求書等の実在する証明書として有効なものとなります。
③	相手先債務者の残高証明書

あと、相手先債務者に残高証明を求めることも有効です。

相手先債務者が実際に存在していること、相手先が認識している債務額と当方が認識している債権額に相違がないことを確認することができます。

2 債権を買い受ける

もうひとつの方法は、個人事業者に対する借入金を発生させて、金銭債権と両建てで計上することにより引き継ぐ方法です。

債権はあくまでも『資産』となりますので、会社がその資産を引き受けるためには、それらの債権を債権者である個人事業者から買い受ける必要があります。

資金繰りの面から現金を引き渡して債権を買い受けるのが困難な場合は、債権者である個人事業者に対する借入金を次のように両立てして仕訳することになります。

（売　掛　金）3,000,000円　　（借　入　金）3,000,000円

この場合、借入金については、会社と個人の間で金銭消費貸借契約を結んでおくとよいでしょう。

■ 金銭債務

買掛金や借入金のような負債である金銭債務も、資産である金銭債権と同様に、**その帳簿価額に記載された金額がそのまま時価になる**、という特徴があります。これらの金銭債務については負債ですから現物出資をする財産にはなりませんので、債務の実在性などを証明する必要はありません。ただし、これらの債務にはすべて債権者が存在しています。個人事業者が有する債務の契約に関する当事者は、あくまでもその債務の債権者とその個人事業者とになります。

個人事業者のもつ金銭債務が銀行の借入金である場合には、その借り入れを会社が引き継ぐのであれば、債権者である銀行が債務の引き継ぎを個人から会社へ変更することに同意する必要があります。
しかし、銀行はあくまでも個人に対して融資をしていますので、会社への名義変更に応じない場合もあります。

法 そのような場合には、上記の債権の場合と同様に、個人事業者の債務を個人へ貸し付ける事によって借入金を引き受ける処理をすることができます。

（貸　付　金）2,000,000 円　　（借　入　金）2,000,000 円

この場合、その貸付金である債権と借入金である債務は、個人と会社との間で金銭消費貸借契約をそれぞれ新たに結んだことになります。
なお、銀行と個人、個人と会社との関係は次の図のようになります。

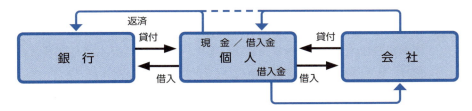

8 棚卸資産の引受け

法人成りをしたときに個人事業者から引き継ぐ資産等のうち、棚卸資産について考えてみたいと思います。

■ 販売価額で引き継ぐ

棚卸資産については個人事業者が在庫として所有していた商品を法人が引き継ぐ際には、販売価額で引き継ぐことになっています。

つまり、100円で購入した商品を通常180円で販売しているのであれば、180円で法人に引き継がなければなりません。

個人事業者としては法人に180円で販売するのですから、80円の利益が計上されます。
しかし、受け入れ側としての法人では、商品の仕入原価は180円となります。

個 仮に販売価額よりも低い価額で引き継いだときには、その差額について所得税ではペナルティーが課せられます。つまり、個人側で低額譲渡となり、その不足分が課税されることとなっています。
しかし、**所得税では通常の販売価額に対して70％以上の販売価額で法**

人に引き継ぐ場合には、それを認める特例がありました。

法人税では、個人から法人へ引き継いだ資産の価額があまりにも多い金額でない限りは、その引き継いだ金額がその棚卸資産の仕入原価となります。
所得税で販売価額の70％という幅をもたせてくれていますので、事業規模が大きい事業でしたら特に、ある程度の個人と法人の引継ぎ価額は意識して操作すべきことになります。

事業規模やそのときの所得金額の大小にもよりますが、所得税と法人税の税率などを留意して、慎重に決定する必要があります。

■ 消費税の課税関係で受け入れ価額は決まる

消 もうひとつ、棚卸資産の引継ぎ価額は実は、消費税の課税関係にあるといっても過言ではありません。
棚卸資産は前述のように、原則として、通常の販売価額で引継ぎがなければならないのですが、所得税の規定により、販売価額の70％程度での販売を認める特例があります。
ここで、個人事業者の在庫品である商品を法人がいくらで受け入れるのか、という問題が生じますが、引継ぎ価額である販売価額が高ければ高いほど、個人の所得が増え、法人がその商品を外部へ販売したときの利益は減ります。

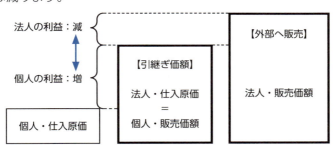

つまり、所得税と法人税の税額は、どういったバランスで販売価額を決定した方がよいのかは、それぞれの適用される税率も留意して決定しますが、それよりも重要なことは、実はここで消費税の課税関係についても大きな税額が左右しますので、注意が必要です。

個人事業者の最後の申告年度が消費税の課税事業者である場合には、法人に引き継ぐ資産の販売価額は消費税の課税対象となります。
こういったケースでも、それを引き継ぐ法人側では、設立後最初の事業年度については、免税事業者であることが多いでしょうから、引き継ぐ金額は少なければ少ないほど、個人事業者が負担する消費税も少なくて済みます。

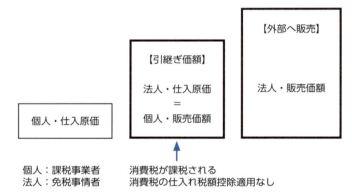

※引継価額が少ない方が個人事業者の売上げが減るため、消費税の負担は少なくなる。
※法人は消費税の納税義務がない。

また、引き継ぐ法人が課税事業者であっても簡易課税制度を選択している場合には、引継ぎ価額の大小による仕入税額控除の影響はないため、免税事業者と同様の効果があります。
逆に、個人事業者の最後の申告年度が免税事業者で、設立した法人が消費税の課税事業者であり原則課税を選択している場合には、引き継ぐ資産の価額は大きければ大きいほど、消費税の仕入れ税額控除の金額が多くなりますので、法人が負担する消費税はその分減少します。

個人：免税事業者	消費税が課税されない
法人：課税事情者	消費税の仕入れ税額控除適用あり

※引継価額が大きい方が法人側の消費税の負担は少なくなる。

　この棚卸資産の引継ぎ価額の消費税に関する留意点は、減価償却資産などの譲渡資産についても注意すべきこととなります。

9 減価償却資産の引受け

法 法人が個人から取得した資産が減価償却資産である場合には、その資産は必ず中古資産となります。

個人でいったん所有して事業供用をしていたことが前提となる資産ですので、大抵のケースでは、中古資産となることが考えられます。

もちろん、特殊なケースもあるかと思います。たとえば個人事業者が製造や販売をしていた商品を、たまたま自社で使用するために個人から購入した場合については『新品』として減価償却資産を購入したことになります。

しかしこの場合、他にも在庫としてあった『棚卸資産』を引き継いで、その後たまたまそのうちの1つを事業の用に供したのであれば、単純に法人側での家事消費として認識すべき問題でもあります。

減価償却資産として商品を購入

棚卸資産を引き継いだ後に家事消費

細かいことですが、そのような場合には、厳密には個人と法人が、それぞれ「どういった目的でその対象資産を引き継いだのか」という認識とそのタイミングによって『棚卸資産』の家事消費なのか、『減価償却資産』の購入なのか、といったことが決まります。

そのあたりは、引き継いだ資産の財産目録を作成するなどして『棚卸資産』なのか『減価償却資産』なのかを明確にしておく必要があります。そして、取得価額については、現物出資により取得したものであっても、譲渡により取得したものであっても、それぞれ個人と法人とで決定された価額が法人側での取得時の帳簿価額となります。ただし、低価買入となる資産の取得については、時価と対価の差額については、会社が償却費として損金経理をしたものとして扱われますので注意が必要です。

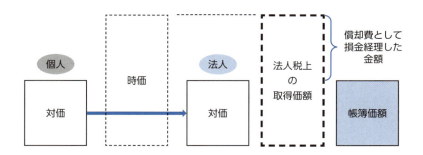

法 あと、家事消費として減価償却資産を使用した場合には、その後の法人側での販売価額が取得価額となりますし、減価償却資産の購入として受け入れたのであれば、その受け入れたときの時価が法人税法上の取得価額となります。

個人事業者が事業用資産として使用していた資産を引き継いだ場合には、法人側で引き継ぐその資産は必ず中古資産となります。

中古資産の耐用年数については、次の留意点があります。

■ 見積り耐用年数

減価償却資産の耐用年数は、中古資産の取得として耐用年数を見積もることとなります。

法人が取得した減価償却資産が中古資産である場合には、法人が取得後どれくらいの年数を使用することができるのかの耐用年数を見積もります。

長く使用するつもりであれば、法定耐用年数を使用しても構いませんが、取得時に決定した耐用年数を後で変更することはできませんので注意が必要です。

また、法人において見積りが困難である場合には、簡便法などの計算方式で耐用年数を見積もることができます。

■ 簡便法による見積り耐用年数の算出方法

● 経過年数が法定耐用年数の全部を経過している場合

対象資産が新品であった時から法人が取得した時までの経過年数が、その資産の法定耐用年数を超える場合には、法定耐用年数に20％を乗じた年数ととなります。

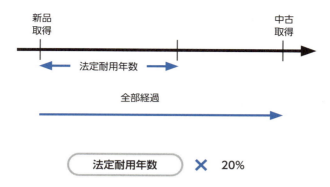

※1年未満の端数は切り捨て、計算結果が2年未満となるときは2年

● 経過年数が法定耐用年数の一部を経過している場合

　対象資産が新品であった時から法人が取得した時までの経過年数が、その資産の法定耐用年数の一部を経過している場合には、その年数に20％を乗じた年数と法定耐用年数から経過年数を差し引いた年数を合算した年数になります。

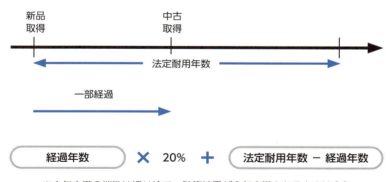

※1年未満の端数は切り捨て、計算結果が2年未満となるときは2年

■ **低価買入となるケース**・・・

法人側で受け入れた価額が時価よりも低い場合には法人税上では低価買入となります。この場合には、時価が受入価額となり、その資産が減価償却資産である場合には、時価と対価の差額は、法人がいったん時価で受け入れた後、償却費の計上をしたものとして扱います。

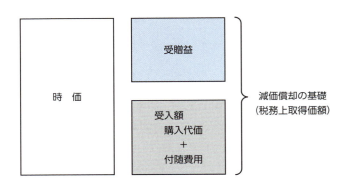

受入額が帳簿上の取得価額となっていますので、受贈益部分は会社が償却費として損金経理をしたものとして扱います。そして、その損金経理をしたものとして扱われた受贈益部分については、税務上の償却限度額を超える部分は加算調整されます。

補足として対象資産が減価償却資産でなく、土地等の固定資産である場合は『資産計上漏れ』の調整をすることになります。

法 **消** 法人側での税務上の取得価額は時価ですので、減価償却費の計算はその時価を基礎にします。ただし、消費税については、対価である受入額が仕入税額控除の対象となり、受贈益部分については消費税の対象となりませんので注意が必要です。

10 仮想通貨の引継ぎ・引受け

仮想通貨について、2019年5月に資金決済法と金融商品取引法の改正が国会において決議されました。

個 この改正で「仮想通貨」の法律上の名称は「暗号資産」に変更されました。また、今までに明確な規制がなかった仮想通貨の取引ルールなども含めて様々な法整備がなされることになります。

個人で所有する暗号資産の所得税の取扱いは、暗号資産も決済手段のうちの一つであり、外貨を所有している場合と、ほぼ同じ取扱いとなっています。そのポイントとして注意すべき点は3つあります。

① **暗号資産を売却したとき**

② **商品等を購入する際に、暗号資産で決済したとき**

③ **暗号資産の取得価額について**

暗号資産を売却、つまり日本円に換金したときの所得金額は、その暗号資産の売却価額から売却した暗号資産の取得価額を控除した金額となります。その所得金額の所得税法上の所得区分は雑所得となります。

4月10日1,000,000円で5ビットコインを購入した

5月30日1ビットコインを230,000円で売却した

売却価額		売却した暗号資産の取得価額				所得金額
230,000円	－	(1,000,000 ÷ 5BTC)	×	1BTC	＝	30,000円

個 商品等を購入する際に、暗号資産で決済したときは、その決済時点での商品等の購入価額と暗号資産の取得価額との差額が所得金額となります。その所得金額の所得税法上の所得区分は売却したときと同様に雑所得となります。

第5章 事業用資産の取扱い

231

> 4月10日 1,000,000円で5ビットコインを購入した
> 6月15日 商品の仕入価額450,000円を2ビットコインで決済した
>
> 　　　仕入価額　　　　売却した暗号資産の取得価額　　　所得金額
> 　　450,000円　－　（1,000,000÷5BTC）　×　2BTC　＝　50,000円
>
> ※商品の仕入価額は、450,000円となります。

暗号資産の取得価額は、その支払対価に手数料等の付随費用を加算した額となります。

同じ暗号資産を2回以上にわたって取得したときに、その都度上記の計算をしながら取得価額を捉えていくのは、その計算がかなり複雑になっていきます。

同一の暗号資産を2回以上にわたって取得した場合の暗号資産の取得価額の算定方法は、原則としてその都度、取得価額の計算が必要な移動平均法の方法を用いますが、継続して適用することを要件に、年度末で一度に計算することができる総平均法の方法を用いても差し支えありません。

8月10日1,000,000円で5ビットコインを購入した

10月30日1ビットコインを230,000円で売却した

12月20日660,000円で3ビットコインを購入した

（移動平均法）

8月10日に取得分の1ビットコイン当たりの取得価額

1,000,000円　÷　5BTC　=　200,000円

12月20日の購入直前に保有するビットコインの取得価額

200,000円　×　（5BTC − 1BTC）　=　800,000円

12月20日の購入直後に保有する1ビットコインの取得価額

（800,000円　+　660,000円）　÷　（5BTC − 1BTC + 3BTC）　=　208,572円

※取得価額の計算上発生する1円未満の端数は、切り上げて差し支えありません。

（総平均法）

1年間に取得したビットコインの取得価額の総額

（1,000,000円　+　660,000円）　÷　（5BTC + 3BTC）　=　207,500円

総平均法で計算する場合には、かなり計算が簡略化されます。

しかし、簡略化されるはずの総平均法においても、ウォレットや口座が複数あることによって、それら各ウォレットでの暗号資産の移動がそれぞれ、売却によるものなのか、取得によるものなのか、又は単純に移動によるものなのか等々、個々に判断が必要となります。その計算はとても複雑で計算不能に陥ることもありますので注意が必要です。

次に個人名義で所有している暗号資産を、法人へ引き継いだ場合の取り扱いについて説明します。

個人から法人へ暗号資産を引き継いだ場合には、上記によって計算した取得価額がそのままの形で引き継がれるわけではありませんので注意が

必要です。

個人から法人へ暗号資産を引き継いだと同時に、その暗号資産は法人に売却されたものとして取り扱います。つまり、暗号資産の移行時には、暗号資産の含み損益が所得税の計算において認識されることとなります。所得税法上の所得区分は雑所得として計算します。

ここで、注意すべき点として、単純にウォレット間での暗号資産の移行を行っただけの場合であっても、その取引きはその暗号資産の売却として取り扱われる危険性があるということです。

個人で取得した暗号資産を、個人名義口座（個人使用ウォレット）から法人名義口座（法人使用ウォレット）へ移行した場合には、口座ごとに総平均法で計算する場合は特に、個人で所有している暗号資産を売却し、**法人にて改めて暗号資産を取得したこととして認識されてしまうことがありますので注意**が必要です。

暗号資産の計算は同一資産であっても取得や売却の回数が多かったり、複数の暗号資産を所有するだけでも、それらの計算はかなり複雑になります。各種の取り引き自体も実務的な計算ではかなり複雑なものが多いのが現状ですので、現在法整備されている計算方法であったり、現存する計算システムでは、これらをきっちりと計算していくことは実質上無理がある段階であると認識しています。

そのため、各種取り引きの信憑性などを判断する側（税理士や課税庁）に**少しでも誤解を与えないような取引履歴にしておくことは**、納税者側にとっても**重要な対策となります**。

法人側での暗号資産の取扱いとしては、暗号資産を売却したとき、商品等を購入の際に暗号資産で決済したとき、暗号資産の取得価額の取扱いについても、法人の場合も個人と同じになります。

法 取扱いで違いがあるのは、期末で保有する暗号資産の評価です。

法人税では、期末において保有する暗号資産のうち、**活発な市場が存在する暗号資産は時価評価をして、時価**をもって貸借対照表価額とし、帳簿価格と時価との差額は当期の損益として処理します。

活発な市場が存在しない暗号資産は、取得原価をもって貸借対照表価額となります。

区分	評価方法
活発な市場が存在する暗号資産	時価評価
活発な市場が存在しない暗号資産	取得原価

個 ちなみに**所得税では**、年末現在において、個人が所有する暗号資産については、法人とは異なり、**活発な市場が存在する暗号資産であっても時価評価をする必要はありません。**

法 法人で所有する暗号資産は、その性質上個人で所有しているそれよりも更に複雑な取引きが想定されます。暗号資産の計算のかなめは、やはり取得価額の算定にありますので、その計算をより簡素化するために、各期末で保有する暗号資産について時価評価することは制度上必要なことなのだと思います。つまり、期末評価を強制することによって、それらの複雑な計算による誤差額を期末時点で一掃することが可能となります。

法人の期末は各法人によって様々なタイミングとなりますが、個人の場合は全ての納税者が12月末日となります。このタイミングで一斉に時価評価を行うとなれば、相場の状況によっても、特に市場が混乱する恐れがあるので同様の法整備はできない事情があるのではないかと思われます。

第6章

法人から個人へ

1 個人成り

個人成りのメリット・デメリット

■ **なぜ法人から個人なのか**・・・・・・・・・・・・・・・・・・・・・・・・・・・・・・・・・・・・・・

　法人成りをするときには、社会的な信用力が増すことや最高税率の引下げによる節税など、様々なメリットがありました。
　しかし、ときには会社から個人事業にする「個人成り」もありますが、個人成りをすることにより、どのようなメリットが期待されるのでしょうか。

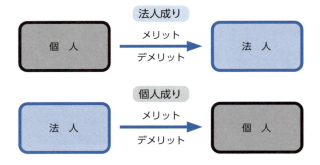

個/消 まずは、税率については所得税の超過累進税率（5％～45％）に対して、法人税は一律税率（15％・23.2％）のため、基本的に所得の大小に関わらず、同じ税率により課税されます。

法 法人の中小企業者である場合には年800万円までの所得については、原則として一律15％、それを超える部分の所得については23.2％となっています。

個 個人事業の場合、**所得が低額であれば**所得税は超過累進税率により低い税率が適用されますので、**節税効果があります。**

238

個 所得税の税率が5％〜10％の所得、つまり所得金額が常に330万円以下となる場合であっても、会社の役員報酬を同額以上に設定することによって、所得税側で給与所得控除がされる分、更に給与所得としての所得税の税金は軽減されることになります。

法 役員報酬は事業年度の中途においては原則として金額の変更は出来ませんので、当期の利益は操作することができませんが、翌事業年度の予測値を参考としながらの役員報酬額の金額設定は可能となります。

所得税として5％〜10％といっても、住民税の負担も10％程度は加算されますので、そういった税負担での損益分岐による比較よりも、むしろ法人として存続していることに対する諸経費の負担、つまり税理士報酬であったり登記費用であったりという、法人であるがために定期的に負担すべきプラスアルファの費用を考えると、個人事業への個人成りは、所得が低迷したときには必須となるのかもしれません。

個 所得税の超過累進税率は、個人成りを考えたうえでは、むしろ安心できる制度であるといえます。

そして、法人の場合には赤字の事業年度であっても、法人住民税の均等割が最低でも7万円が課税されるのに対して、個人の住民税の均等割りは数千円で抑えることができます。事業縮小などといった事情がある場合には、この税負担は大きい支出であると思います。

個 事業税の計算においても、個人事業税では所得から事業主控除が290万円控除できます。**個人の場合は、黒字が290万円までは事業税が課税されません。**

法 所得が低迷している場合で、欠損金の繰越控除などのことを勘案したとしても、ある程度の事業規模を今後10年以上にわたって回復する見込

みがない会社にとっては、均等割などの税負担が窮屈になったり、その他の諸経費の負担を軽減したいという事情から、個人成りも必要な選択肢として留意すべきことなのかもしれません。

● 個人成りのメリット

項　目	メリット
税　　　率	超過累進税率のため所得が低ければ、低い税率が適用される
住　民　税	法人住民税の均等割は、最低7万円 個人住民税の均等割は、5千円程度
事　業　税	個人事業税は、事業主控除290万円が所得から控除される
消　費　税	個人成りした年の2年前を基準期間として課税事業者の判定をする
社　会　保　険	従業員が5人未満や飲食業などの一定の業種は、社会保険の加入義務がない
役　員　登　記	役員の重任などの登記手続きがない

● 個人成りのデメリット

項　目	デメリット
損益通算	所得区分によって、損益通算できない損失がある
欠　損　金	繰越控除の可能期間が3年間と法人より短くなる
税　　　率	所得が高くなると税率が高くなる
事業主の給与	事業主の給与が必要経費に計上できない
家族従業員の給与	（青色申告者）生計を一にする親族への給与については、青色事業専従者給与の届出が必要 （白色申告者）生計を一にする親族への給与については、事業専従者控除額として、計上額に制限がある

個▶ 個人成りをすることによりメリットもありますが、デメリットもあります。社会的な信用力については、稀にあるのが、大手の企業との取引については、同じ商品、製品、サービスであっても、形式面だけで判断して、個人事業者との取引は一切受け付けられないこともあります。

2 撤退のタイミング

法人にしているメリットがなくなった

　法人から個人事業へ移行をする『個人成り』を判断するタイミングは、いろいろと考えられますが、まずは、『法人』にしているメリットがなくなったときだと思います。

　取引先の減少や景気の悪化などにより、売上の減少、低迷により、所得が低くなった場合、法人税率が所得税率を下回るという法人成りによるメリットの効果がなくなります。

　他にも移行すべきかどうかを判断するタイミングとして、税制面でのメリットの効果が薄くなってきたときなども考えられます。

　しかし、移行する判断基準として税制面のメリットは重要な判断基準であるとはいえますが、単純に個人事業への移行はできないこともあります。

　現在、法人として営んでいる事業が、許認可や資格が必要な事業であったり、個人事業にその許認可や資格の承継や移行ができないものであれば、法人での事業を継続するしかありません。
　また、取引先との関係も法人でないと、取引に制約が生じることもあります。

実際としては、売上げの低迷などにより、税制面でのメリットが薄くなることを要因に、個人事業に移行することが多いと思いますが、逆に業績が良い状態での個人事業への移行をすることはないのでしょうか。

■ 消費税免税点の問題点・・・・・・・・・・・・・・・・・・・・・・・・・・・・・・・・・・・・・・

個 **消** 法人において、消費税の課税事業者であった場合や課税事業者に該当することとなる場合に、法人での事業を廃止し、個人事業へ移行した場合、その移行する年の2年前の課税期間が個人の消費税の課税事業者を判定する基準期間になります。

この場合、個人の基準期間の課税売上高が1000万円以下であれば、消費税に関しては免税事業者になります。法人成りのときのメリットと同じ理屈になります。

しかし、消費税の免税事業者となるために個人事業へ移行するという手段は、現行の消費税法のルールだと、特定期間の判定もあるため、業績が伸びている段階では、メリットは薄いかもしれません。

当然、所得が伸びている状態のため、所得税率も高い税率になることもあるため、税負担を総合して考えないとだめです。

また、ここでしっかりと認識しておかなければならないことは、その場合の『個人成り』という行為はかなり危険だと判断されます。
消費税を免税にすることだけを目的とした個人成りは、租税回避行為に該当します。
租税回避行為は、法律上は明文上問題がないとみられる行為であっても、租税を回避する目的で法の網の目をくぐったような行為がそれに該当します。
消費税法では、行為計算否認規定が存在しませんので、課税庁が違法性を指摘したいときには、いきなり『脱税』として指摘してくる可能性が

ありますので十分に注意が必要です。

> 同族会社の行為計算否認規定は、法人税、所得税、相続税など、他の国税にはそれぞれ存在する規定なのですが、いわゆる『伝家の宝刀』とされている規定です。「税務署長は、同族会社の行為又は計算でこれを容認した場合に税負担を不当に減少させる結果となると認められるときは、その行為又は計算にかかわらず、法人税の額などを計算することができる。」というものです。つまり、それが合法であっても、税務署長の職権で行為又は計算を否認して是正します。という規定です。

個人成りをするに至る合理的な事情があって、その結果、消費税法上では、たまたま免税事業者になった。ということでない限り、その個人成りは租税回避行為であると認識されることになります。

法人税法や所得税法の行為計算否認規定によって、『個人成り』という行為が否認された場合は、租税回避行為として是正されますが、消費税法の立場から否認されるときは、行為計算否認規定が存在しませんので、課税庁は『脱税』としての違法性を論点として是正するしか手段がありません。

■ 社会保険が任意加入となる問題点・・・・・・・・・・・・・・・・・・・・・・・・

個 そのほか、法人であれば社会保険が強制加入のため、個人事業に移行することにより、**社会保険の負担を軽減するというメリットもあります。**

個人事業であれば、従業員が5人未満の場合、社会保険への加入義務はないため、従業員が各自で国民健康保険、国民年金の保険料を負担することになります。

そのため、個人事業としての法定福利費に該当する社会保険料の負担は軽減します。しかし、社会保険の負担の増大のみを、個人事業への移行

を検討するタイミングとすることは、やはり常識的にはあまりないかと思います。

法人のときから働いている従業員の方のことを考えると、個人事業に移行したことを理由に、従来は、社会保険の加入があった状態から突然、社会保険の加入がなくなり、各自で国民健康保険などの負担が生じると、困惑してしまいますので注意が必要です。

■ 社会保険の喪失、日付けに注意 ・・・・・・・・・・・・・・・・・・・・・・・・・・・・・・・

法人から個人成りをする場合に、会社と雇用関係にあった従業員や役員自身の社会保険については、法人成りをしたとき（128頁）と同様に、いったん退職としての各種手続きが必要になります。

法人成りのときは、従業員のみが退職という扱いで各種の手続きをすることとなりましたが、今回は役員についてもその手続きが必要になるということです。

特に代表者である役員は、個人事業主だったときは、国民年金に加入していましたが、会社の役員として常務するようになってからは、社会保険の被保険者となっています。個人成りをするときには、会社は廃業しますので、その会社の役員を退任するという手続きが必要になります。

個人事業主に戻ったときには、また新たに事業を開始する。と考えた方が各種の処理や手続きについてもスムーズかもしれません。

その個人事業が社会保険の適用事業所となる、ならないに関係なく、代表者は国民年金や国民健康保険にまた新たに加入する手続きが必要となります。

あと、従業員の退職や役員の退任をする時期については、社会保険料の負担額にも関わりますので、注意が必要です。

従業員や役員が退職する場合には、社会保険の資格を喪失することとなりますので、事業主は「被保険者資格喪失届」を日本年金機構に提出します。なお、被保険者の資格を喪失する日は、**原則、その事実があった日の翌日となりますので注意が必要**です。たとえば、3月31日付けで退職した場合、資格喪失日は4月1日となります。

　社会保険料の負担は、月の末日に在籍していれば翌月の末日に1ヶ月分を納付することとなっています。

　社会保険料には日割りという考え方はありませんので、たった1日の計算でも1ヶ月分を従業員と会社が、それぞれ折半をした金額を負担して納付する義務が生じてしまいます。

　つまり、従業員については3月30日現在、会社を退職しているという事実、そして役員については、会社を解散している若しくは役員を退任しているという事実により、退職日を3月30日としていれば、翌日の3月31日は社会保険の被保険者としての資格は喪失していますので、3月分の社会保険料の支払いは発生せず、4月30日に支払う社会保険料はその負担がなくなるということです。

　裏返しに言えば、3月31日付けでの退職や退任、会社の解散などにより退職日を3月31日としてしまえば、4月30日に3月分の社会保険料を負担することとなります。

　このあたりのことは、実務上、従業員や役員の退職日、社会保険を負担するタイミング等はしっかりと考慮に入れながら、慎重に判断して解散する日などは決めていかなければいけません。

第6章　法人から個人へ

245

3 休眠か清算か

個人成りの手続き

個人成りの手続きは、次のようになります。

> ① 法人を廃業する
> ② 個人事業を開業する
> ③ 法人の資産・負債を個人事業に移転させる

法人の廃業についてですが、一般的には個人成りの日の前日に、法人として の営業、事業活動を停止し、翌日から個人事業として営業、事業活 動を開始します。法人の資産・負債については、売却や分配の方法で個 人事業に引き継ぎます。

法 法人の廃業に伴い、**法人そのものを解散する方法と解散はせずに休眠さ せる方法があります**が、それぞれの方法について、その違いを確認して おきたいと思います。

『解散』は、会社を設立したときのように法務局にて、解散の登記や清 算登記などの手続きが必要です。会社は、解散手続きにより、事業活動 を正式に停止しますが、ここではまだ、会社は消滅しません。
解散手続きを行なった後に、その会社の資産や負債の整理をし、財産が 残った場合は株主にその残った財産を分配する清算手続きが必要です。

この清算手続きが完了して、はじめて会社は消滅します。

解散、清算の手続きの流れは次のとおりです。

▼ 解散・清算手続きの流れ

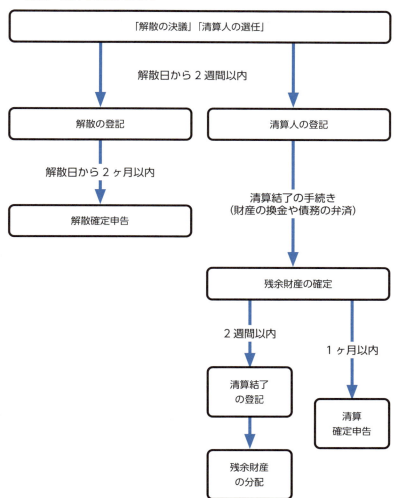

法 法人の清算手続きは、手間と時間と費用がかかります。

そのため、個人成りに伴い、法人の廃業については、**一般的には『休眠』という方法をとる**ことがよくあります。

『休眠』とは、法人の清算手続きをせずに、法人を法的には存続させる

状態で、事業活動を停止する状態をいいます。

つまり、実質上はこの先、営業活動を行わないということを前提とした法人が、法人である事業実態を凍結させるために行う手続きが『休眠』となりますので、営業活動の実態があるにもかかわらず、会社を『休眠』させるということは、その行為に合理性が無いものと判断される可能性があります。

これらの『休眠』という行為の結果、仮に税負担が不当に減少している場合には、営業活動は実際に継続されているわけですから、『休眠』という行為自体が租税回避行為であると認識される可能性があります。
解散による清算手続きなどの事務負担や費用などを軽減させるために、やむなく『休眠』という手段によって個人成りをしている事業者は少なからず存在しているようですが、その手段は正確には間違えた手段となりますので、注意が必要です。

個人成りに伴う法人の廃業については、手続きの簡素化、費用の節約なども考慮して、『休眠』の手続の方が適していると考えがちですが、そこに営業活動が存続している場合には、正しくはケジメとしての解散手続きはちゃんとしておくべきです。

しかし、もし法人を『休眠』させるに値する他の合理的な事情があるのであれば、それはそれで租税回避行為ではないことを課税庁にもきちんと説明できるでしょうから、やはり、手続きの簡素化、費用の節約なども考慮して、いったん休眠しておくという手段も有効なことがあるのかもしれません。

4 休眠の手続きと届出の効果

自治体によって取扱いが変わるので注意が必要

都道府県と市町村に、休眠中である旨の届け出をします。

営業を休止しているときには法人住民税である『均等割』はかかりません。

> 各自治体で用意している法人異動事項申告書や法人異動届出書の用紙に、休眠中である旨「令和○○年○月○日より休眠」などと記載して都道府県税事務所と市町村にそれぞれ提出します。この届出により、住民税、事業税について、課税関係が生じないことが役所側で認識されます。
>
> 都道府県税事務所、市役所への届出については、各都道府県、市町村により、提出する書類の様式が異なりますので、事前に確認が必要です。

自治体によっては、休眠中は『均等割』を徴収しなくても、後日事業を再開した場合には「その休眠中の均等割額を遡って徴収する」というところもあります。

そのため、そのあたりのことは判断する前に必ず所轄の都道府県や市町村に問い合わせておく必要があります。

法 また、**法人税の申告は**、所得が無ければ納付税額はありませんが、**毎年の確定申告書の提出は必要**ですので注意が必要です。

法 申告書を提出しない場合には、欠損金の繰越しの計算ができなくなりますので、将来所得が生じた事業年度において、欠損金の繰越控除ができなくなったり、青色申告を取り消されることがあります。

第6章 法人から個人へ

249

税務署に対する休眠のための手続きは、税務署に『異動届』を提出します。異動届には、「令和○○年○月○日より休眠」と休眠の旨を記載します。
この異動届の提出により、税務署に対して事業活動を行っていないことを正式に伝えますので、税務署側においても事業活動が行っておらず損益が生じないため、法人税、消費税の課税関係が生じないことが認識されます。

税務上の手続き以外では、休眠は法人が存続していますので、役員の任期ごとに、重任登記が必要になります。
つまり、株式会社の場合は休眠中であっても役員変更登記が必要になります。

最後の登記から12年を経過した会社について役員変更などの登記をしないまま放置していると、法務局の職権による解散が行われることもあります。

異動届出書
（□ 法人税　　□ 消費税）

※整理番号	
※通算グループ整理番号	

税務署受付印

令和　年　月　日

税務署長殿

次の事項について異動したので届け出ます。

提出区分		（フリガナ）	
□□□□ 通算親法人が提出する場合 通算親法人となる法人が提出する場合 通算子法人が提出する場合 通算子法人となる法人が提出する場合		本店又は主たる 事務所の所在地	〒 電話（　　）　　　－
		（フリガナ）	
		納　税　地	〒
		（フリガナ）	
		法人等の名称	
		法人番号	
		（フリガナ）	
		代表者氏名	
		（フリガナ）	
		代表者住所	〒

異動事項等	異　動　前	異　動　後	異動年月日 （登記年月日）
所轄税務署	税務署	税務署	

納税地等を 変更した場合	給与支払事務所等の移転の有無　　□ 有　　□ 無（名称等変更有）　　□ 無（名称等変更無） ※　「有」及び「無（名称等変更有）」の場合には「給与支払事務所等の開設・移転・廃止届出書」の 　　提出も必要です。
事業年度を変更した場合	変更後最初の事業年度：（自）令和　　年　　月　　日 ～（至）令和　　年　　月　　日
合併、分割の場合	合　併　□ 適格合併 □ 非適格合併　分　割　□ 分割型分割 ： □ 適格 □ その他 　　　　　　　　　　　　　　　　　　　　　　□ 分社型分割 ： □ 適格 □ その他
(その他参考となるべき事項)	

（規格Ａ４）

税理士署名	

※税務署 処理欄	部門		決算期		業種 番号		番号		入力		名簿	

04.03 改正

様式第11号

法 人 異 動 事 項 申 告 書

（提出用）

※処理事項	入力済	管理番号

受付印

年　月　日

大阪府　　　府税事務所長　様

大阪府税条例　第34条の2第2項　　の規定に
　　　　　　　第41条の11第2項

より、異動事項を次のとおり申告します。

本店所在地	
（フリガナ）	
法 人 名	
法 人 番 号	
電 話 番 号	
（フリガナ）代表者又は管理人の氏名	

異動事項	異 動 前	異 動 後	異動年月日登記年月日
1　本店所在地	（旧本店所在地の事務所等：□存続　□廃止）		年　月　日 / 年　月　日
2　支店等所在地			年　月　日 / 年　月　日
3　支店等の廃止	廃止した支店等の所在地：		年　月　日 / 年　月　日
4　代表者又は管理人の氏名			年　月　日 / 年　月　日
5　商　　号			年　月　日 / 年　月　日
6　資本金の額又は出資金の額	円	円	年　月　日 / 年　月　日
7　事業年度	月　日～　　月　日	月　日～　　月　日	年　月　日
8　事業の目的			年　月　日 / 年　月　日
9　解　　散	解散の区分：　□株主総会等の決議　□破産手続開始　□その他（　　　　）		年　月　日 / 年　月　日
10　合　　併	・被合併法人又は合併法人の名称及び所在地〔名称：　　　　　　　所在地：　　　　　　　〕・税務上の合併区分　□適格　□その他		年　月　日 / 年　月　日
11　清算結了	残余財産確定日：　　　年　月　日		年　月　日 / 年　月　日
12　会社分割	・分割法人又は分割承継法人の名称及び所在地〔名称：　　　　　　　所在地：　　　　　　　〕		年　月　日 / 年　月　日
13　法人区分の変更	□公益法人等（公益認定法人又は非営利型法人）（□収益事業を行う・□収益事業を行わない）□普通法人	□公益法人等（公益認定法人又は非営利型法人）（□収益事業を行う・□収益事業を行わない）□普通法人	年　月　日 / 年　月　日
			年　月　日 / 年　月　日
			年　月　日 / 年　月　日

備考		添付書類	1　登記事項証明書の写し（※）2　定款等又は議事録等の写し（事業年度等の変更の場合）3　合併契約書の写し（合併の場合）4　分割計画書又は分割契約書の写し（会社分割の場合）（※）登記事項証明書の写しの添付に代えて登記情報提供サービスを利用する場合　・照会番号：　・発行年月日：　　　年　月　日

税理士氏名		電話番号	

（2.10）

※この申告書は、大阪府内の主たる事務所等の所在地を担当する府税事務所に提出してください。

法人設立・事務所等開設申告書

受付印	令和　年　月　日		法　人　番　号	
	(あて先) **大　阪　市　長**			
本店所在地	〒　　　　　　電話番号　　（　　　）	代表者	住　所	〒　　　　　　電話番号　　（　　　）
フリガナ			フリガナ	
法　人　名			氏　名	
フリガナ		この申告に応答する者の氏名及び電話番号	電話番号　　（　　　）	
個人事業の場合の事業主氏名				

新たに　法　人　を　設　立　したので、大阪市市税条例第33条第8項及び第151条の規定に基づき申告します。
　　　　事務所等を開設

法人設立年月日 ①	明・大・昭平・令　　年　月　日	新たに開設する事務所等	所在地	〒　　　　　電話番号　（　　　）
事　業　種　目			名　称	
事　業　年　度 ②	月　日から　月　日から月　日まで　月　日まで		開設年月日	令和　　年　　月　　日
法人税の申告期限の延長の処分の有無 ③	有（　　箇月延長）・無	大阪市内の主たる事務所等	所在地	〒　　　　　電話番号　（　　　）
法人税における通算承認の有無 ④	有（通算法人）・無（通算法人以外の法人）		名　称	
資本金の額又は出資金の額 ⑤	円			
資本金等の額 ⑥	円	給与取扱事務所	所在地	〒　　　　　電話番号　（　　　）
単独法人又は2以上の市町村に事務所等を有する法人の区分 ⑦	単独法人　・　2以上の市町村に事務所等を有する法人		名　称	
収益事業の有無	有　・　無			
所轄税務署	税務署			

従業者数(内大阪市居住の従業者)	総数	人（　　人）	左のうち大阪市内の事務所等分	人	左のうち事務所等開設区内の事務所等分	人

新設事務所等に係る事業所用家屋等の所有者	住所（法人にあっては、主たる事務所の所在地）	〒　　　電話番号　（　　　）	新設事務所等に係る事業所床面積	専用部分	㎡
	フリガナ			共用部分	㎡
	氏名（法人にあっては、その名称及び代表者の氏名）			計	㎡

税理士氏名及び電話番号	電話番号　（　　　）	本市内において事務所等を移転した場合の旧所在地	〒移転前の事務所等は（継続・廃止）する。
備　考		法人組織としたため個人の事業を廃止した日	令和　　年　　月　　日
		添付書類（写し可）	1　登記事項証明書　2　定款、寄附行為、規則等　3　株主、社員又は出資者の名簿	※管理番号 ※決算期 ※管理番号(事) ※家屋登録番号 ※特別徴収義務者番号

(R4.2)

5 休眠中の確定申告

休眠中でも法人税申告書の提出は必要

法 休眠中でも法律上は法人が存続しているため、**法人税の確定申告は必要**です。

所得税の確定申告は、損益の有無などにより申告義務の有無の判定がありますが、法人税は損益の有無に関係なく、確定申告が必要です。

しかし、休眠中は事業活動を休止していますので、所得や税額がなく、たとえ無申告であっても、加算税などのペナルティーは生じないため、休眠中、確定申告をしない会社もありますが、期限内申告を2回怠ると青色申告が取り消されます。また、知らないうちに法人に収益が発生していた場合には、無申告加算税などが追徴されることもあります。

地方税については、休眠中は確定申告は不要です。
地方税の納税義務者は、事務所等を有する法人となり、事務所等は、①人的設備、②物的設備、③事業の継続性の3つの要素を備えていることとなりますので、休眠中は事業活動を停止していますので納税義務者とならないため、申告義務も生じません。

法人税のように青色申告の区分もないため、確定申告がなくても影響はありません。

事業税・住民税・所得税の申告

事業税と住民税の申告は不要になる

法 **個** 法人の確定申告は、法人税、住民税、事業税の確定申告をそれぞれ行いますが、個人の場合は、所得税については確定申告をしますが、個人の住民税と事業税は、税務署へ提出した所得税の確定申告の内容を基礎として、各自治体において計算され、賦課課税されます。そのため、個人の住民税と事業税は、原則として納税者自ら確定申告することはありません。

個 なお、個人の住民税の計算は、次のとおりとなっています。所得割の計算上の所得金額は、所得税の計算とほぼ同じです。所得控除額の計算の仕組みは所得税の仕組みと同じですが、所得控除額は所得税の所得控除額よりも少なくなりますので、課税所得は必ず大きくなります。

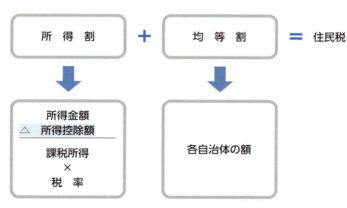

個人の事業税の計算は、次のとおりとなっています。事業税の税率は、業種によって、3％、4％、5％の税率が適用されます。

青色申告書を提出している事業者である場合には、事業所得や不動産所得で算出した所得金額は、10万円又は55万円、65万円などの青色申告特別控除額が控除されています。事業税の計算においては、これらの特別控除額は控除されませんので、控除する前の金額を基礎として事業税の計算をします。

ただし、青色申告であっても、白色申告であっても、一律に事業主控除額として290万円までが控除されることとなっています。

この事業主控除額は、年額290万円です。年の中途からの開業等の場合は月割計算されます。なお、計算に1ヶ月未満の端数があるときは1ヶ月として計します。

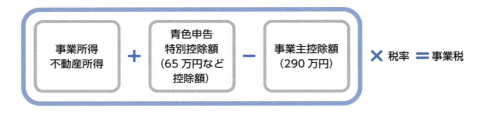

個人所得税の最近の税制改正による注意点

個人での確定申告については、青色申告特別控除額や基礎控除額が令和2年分の所得税確定申告から改正されました。

令和2年分以降の所得税の確定申告から、基礎控除額は38万円から48万円に、青色申告特別控除額は65万円から55万円に変更されています。なお、仕訳帳や総勘定元帳について電子帳簿記録による保存又はe-Taxによる電子申告をすることを要件に、55万円の青色申告特別控除額の適用事業者は65万円の特別控除額とすることができます。

個人事業者の青色申告特別控除額の65万円控除の要件等、詳細は209頁をご確認ください。

	令和元年分 所得税確定申告		令和2年分 所得税確定申告
基礎控除額	38万円	→	48万円
青色申告特別控除額	10万円	→	10万円
	65万円	→	55万円
		→	65万円

個▶ 個人成りにより、新たに個人事業者として事業を開始しますので、青色申告の届出（所得税の青色申告承認申請書）などの各種届出書類等は、また新たに提出が必要となります。

個▶ 元々、法人成りをした時に、個人事業に関する各種廃業届などをしっかりと提出していれば、法律上は、新たに事業を開始することになりますので、すべての書類を新規で提出していく必要があります。しかし、法人成りの際に廃業の処理がきっちりとなされていない場合には、消費税の簡易課税適用事業者であるなどの効力が残っていることもありますので、注意が必要です。

第6章 法人から個人へ

7 資産の完全移転

資産の完全移転が条件

個人成りに伴い、法人の事業資産を個人事業に承継する場合、法人から個人へ資産を売却するというのが一般的です。

法人成りの際は、賃貸という方法もありますが、個人成りの場合は、法人所有の資産を賃貸させると法人の事業が存続し、法人の事業活動が継続してしまうため解散することができなくなります。

個 そのため、個人成りの際は、**法人所有のすべての資産を法人が存続している期間中に個人事業に売却することが前提**となります。

法人から個人事業への資産の譲渡は、その実質は法人から『個人事業主』への資産の譲渡になります。『個人事業主』は、法人はまだ存在しているため、法人の『役員』にも該当します。

この場合、法人から法人役員への資産の譲渡について、注意すべき点を最後に確認しておきたいと思います。

法
消 法人が、その法人の役員に対して、著しく低い価額で資産の譲渡をした場合は、消費税の計算では、実際に役員から受領した金額ではなく、その資産の譲渡の時におけるその資産の価額、いわゆる**『時価』に相当する金額を課税標準として消費税が課税されます**。

258

消費税の例外計算

　消費税は、原則として、実際に受領した金額である『譲渡対価』を課税標準として計算されますが、法人が、その法人の役員に対して著しく低い価額で資産の譲渡をした場合は、例外として、その譲渡した時のその資産の価額を課税標準として消費税の計算をします。

　この場合の、その資産の価額に比べて著しく低い価額により譲渡した場合とは、その資産の時価のおおむね50％に相当する金額に満たない価額により譲渡した場合をいいます。

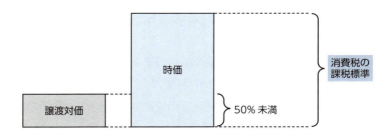

　なお、その譲渡された資産が棚卸資産である場合で、その棚卸資産の譲渡金額が、その資産の仕入価額以上の金額で、かつ、通常他に販売する価額のおおむね50％に相当する金額以上の金額であるときは、著しく低い価額により譲渡した場合には該当しないものとして取り扱われます。

　ただし、法人が課税資産を役員に対して著しく低い価額により譲渡した場合でも、その資産の譲渡が、役員及び使用人の全部について一律に又は勤続年数などに応じて合理的に定められた値引き率に基づき行われた場合は、時価ではなく実際の対価の額により課税されます。

棚卸資産の移転

個 棚卸資産の個人成りに伴う、法人から個人への引継ぎの方法は、次の2つが考えられます。

①法人から個人へ （譲渡） にて引継ぎをする。

②法人から個人へ （贈与） にて引継ぎをする。

上記①の譲渡については、単純に個人へ譲渡したものとして取り扱いますが、上記②の贈与については、法人税では、個人事業者へ棚卸資産を譲渡し、その対価を寄附したものとして取り扱います。

個 個人へ贈与した場合、個人事業者に対して寄附をしたものとして取り扱うとは、法人税上の課税関係は具体的にはこういうことになります。まず、上記①の取引きと②の取引きでの決定的な違いは、金銭の授受があるかないかになります。棚卸資産自体は法人から個人へ移動しますが、金銭の授受があれば譲渡となります。しかし、金銭の授受がない場合には、金銭は個人にとどまったままになりますので、法人が個人に対して贈与をしたのは棚卸資産ではなく、金銭ということになります。

法 つまり、この場合の法人税上の考え方として、正しくは、1．いったん金銭の授受があったものとして資産を譲渡したあとに、2．その金銭を相手方に寄附したと考えます。

```
1　（現　　　金）1,000,000円　（売　　　上）1,000,000円
2　（寄　附　金）1,000,000円　（現　　　金）1,000,000円
```

個 法人税上の寄附金の取扱いは原則として損金として扱われます。しかし、それを無制限に認めてしまうと、税負担の軽減のためにあちこちへ寄附が行われることなどが懸念されますので、寄附金のすべてが損金とならないように、法人税では寄附金の損金算入額に一定の制限を設けています。つまり、一定の損金算入限度額を設けて、その限度額を超える部分は損金不算入となります。

法 資産を寄附した場合の支出寄附金の額は、その資産を寄附した時の時価が支出寄附金の額となります。この場合、棚卸資産は原則として販売価額が時価となります。たとえば、販売価額100万円の商品を贈与した場合にはつぎのように処理をすることとなります。

　（寄　附　金）1,000,000円　（売　　　　上）1,000,000円

ここで注意すべき点としては、個人成りをするときの事業者が誰なのかは、法人税上とても重要なポイントとなります。**法人が寄附をした相手先が、その法人の役員であればその寄附金は、支出寄附金とはならず、役員賞与として認定されます。**法人の従業員であれば従業員に対する賞与となります。たとえば、事業者が株主で役員等の職制上の地位がない場合には、寄附金として処理をすることとなりますが、その関係性によっては支出交際費となることもあります。

個人成りのタイミングとしては、まだ会社が存続している状態で、棚卸資産を移転させますので、事業者が役員である場合には、通常はその時に在籍する役員として職制上の地位がある状態での移転になります。
消費税の課税関係も同様に考えることとなります。

消 消費税については、**上記①、②どちらの場合であっても**、法人税の立場としても、**課税資産の譲渡として認識**することとなります。

261

個 法人から棚卸資産を贈与により取得した場合は、所得税法上は一時所得として課税されます。この場合、その棚卸資産の販売価額相当額が一時所得の総収入金額として計算されます。たとえば、法人から販売価額100万円の商品の贈与を受けた場合には、次のような計算をします。

一時所得の総収入金額		支出した金額		特別控除額		一時所得の金額
1,000,000円	−	0円	−	500,000円	=	500,000円

事業用資産の移転

個 事業用資産の個人成りに伴う、法人から個人への引継ぎの方法は、次の2つが考えられます。

　　　①法人から個人へ （譲渡） にて引継ぎをする。

　　　②法人から個人へ （贈与） にて引継ぎをする。

棚卸資産と同様に、上記①については、単純に個人へ譲渡したものとして取り扱い、②については個人事業へ寄附したものとして取り扱います。

法 個人へ贈与した場合、個人事業へ寄附したものとして取り扱いますが、その場合、法人税上の課税関係は、棚卸資産と同様の取扱いになります。

法 棚卸資産の場合と同様に、寄附金として損金算入に一定の損金算入限度額を設けて、その限度額を超える部分は損金不算入となります。もちろん、その相手先がその法人の役員であれば、役員賞与として認定されますし、事業用資産自体の移動に関しては、金銭の授受に関係なく、譲渡として扱われることとなります。

資産を寄附等した場合の支出寄附金の額等は、その資産を寄附した時の時価が支出寄附金の額となります。事業用資産の場合も同様に、寄附等をした時の時価となります。たとえば、時価100万円の備品（未償却残額850,000円）を贈与した場合には、次のような処理をすることとなります。

（寄　　附　　金）1,000,000円	（備　　　　　品）850,000円
	（固定資産売却益）150,000円

個▶ 法人から事業用資産を贈与により取得した場合は、その事業用資産の時価相当額が一時所得の総収入金額として計算されます。たとえば、法人から時価100万円の備品の贈与を受けた場合には、次のように計算されます。

一時所得の総収入金額		支出した金額		特別控除額		一時所得の金額
1,000,000円	−	0円	−	500,000円	=	500,000円

個▶ 法人から贈与により取得した事業用資産の取得価額は、一時所得の総収入金額に計上した、その事業用資産の贈与時の時価となります。その取得価額を基礎として、個人事業にて減価償却費の計算をします。

減価償却費の計算は、個人事業にて選定した償却方法により、中古資産の見積り耐用年数により行います。

法人で定率法で計算していた事業用資産であっても、個人に引き継がれた後に定額法を選択していれば、定額法で計算することになります。また、法人から引き受けた事業用資産は必ず中古資産となります。

〈著者紹介〉

小谷　羊太 （こたに　ようた）

税理士。
昭和 42 年大阪市生まれ。
平成 16 年税理士試験合格。
平成 17 年小谷羊太税理士事務所開業。
平成 30 年税理士法人小谷会計設立。代表社員税理士。
奈良産業大学法学部卒業後、会計事務所勤務を経て大原簿記学校税理士課
法人税法担当講師として税理士受験講座や申告実務講座の教鞭をとる。現
在は東京と大阪を拠点に個人事業者や中小会社の税務顧問に加え、セミ
ナー講師も務める。

- ●著　書：『わかる→書ける→つながる　法人税申告書に強くなる本』（清文社）
『法人税申告書の『つながり』がよくわかる本』（清文社）
『実務で使う　法人税の減価償却と耐用年数表』（清文社）
『実務で使う　法人税の耐用年数の調べ方・選び方』（清文社）
『実務で使う　法人税の優遇制度と有利選択』（清文社）
『赤字と黒字をうまく使いこなす　法人税欠損事業年度の攻略法』（清文社）
『法人税申告書の書き方がわかる本』（日本実業出版社）
『法人税申告のための決算の組み方がわかる本』（日本実業出版社）
- ●共著書：『よくわかる株式会社のつくり方と運営』（成美堂出版）
- ●監　修：『はじめて課税事業者になる法人・個人のための
インボイス制度と消費税の実務』（森本耕平著、清文社）
- ●税理士法人小谷会計ホームページ　http://www.yotax.jp/
- ● Twitter：＠ yotaxjp

Youtube[税理士 小谷羊太ｃｈ]にて
著書の解説動画や税のマメ知識動画を多数公開中！

新版　法人税・所得税・消費税をうまく使いこなす
法人成り・個人成りの実務

2022年11月18日　発行

著　者　　小谷　羊太 ©

発行者　　小泉　定裕

発行所　　株式会社 清文社
　　　　　　　　東京都文京区小石川1丁目3−25（小石川大国ビル）
　　　　　　　　〒112-0002　電話03（4332）1375　FAX03（4332）1376
　　　　　　　　大阪市北区天神橋2丁目北2−6（大和南森町ビル）
　　　　　　　　〒530-0041　電話06（6135）4050　FAX06（6135）4059
　　　　　　　　URL https://www.skattsei.co.jp/

印刷：大村印刷㈱

■著作権法により無断複写複製は禁止されています。落丁本・乱丁本はお取り替えします。
■本書の内容に関するお問い合わせは編集部までFAX（06-6135-4056）又はメール（edit-w@skattsei.co.jp）
　でお願いします。
■本書の追録情報等は、当社ホームページ（https://www.skattsei.co.jp/）をご覧ください。

ISBN978-4-433-73142-7